ICONOLOGIE,

OU

TRAITÉ DES ALLÉGORIES,

EMBLÊMES.

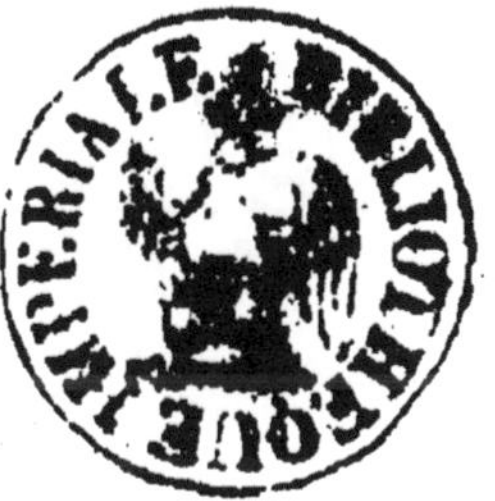

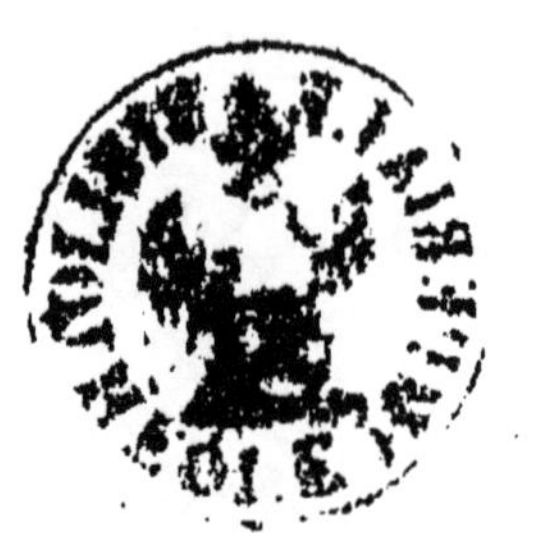

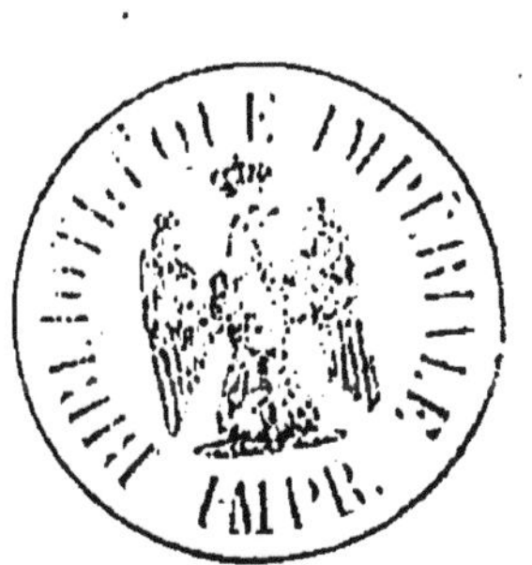

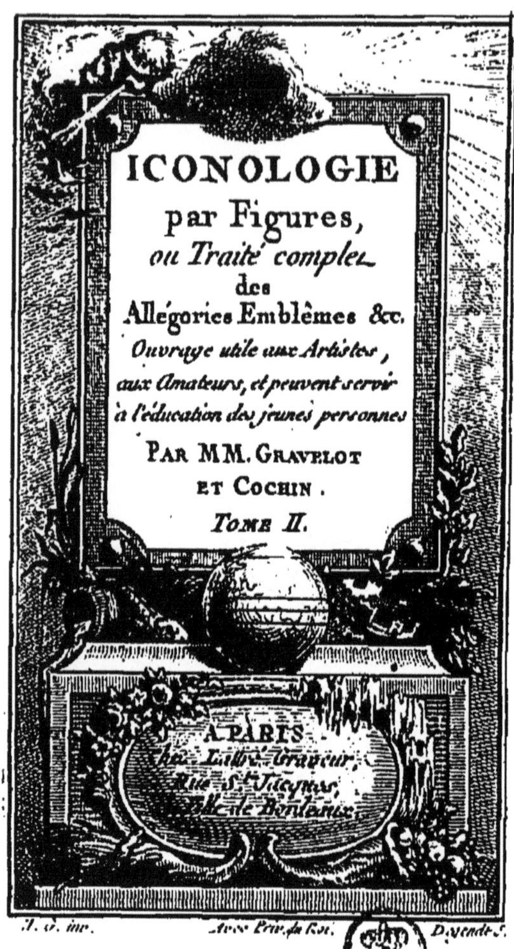
ICONOLOGIE
par Figures,
ou Traité complet
des
Allégories Emblêmes &c.
Ouvrage utile aux Artistes,
aux Amateurs, et peuvent servir
à l'éducation des jeunes personnes
PAR MM. GRAVELOT
ET COCHIN.
TOME II.
A PARIS

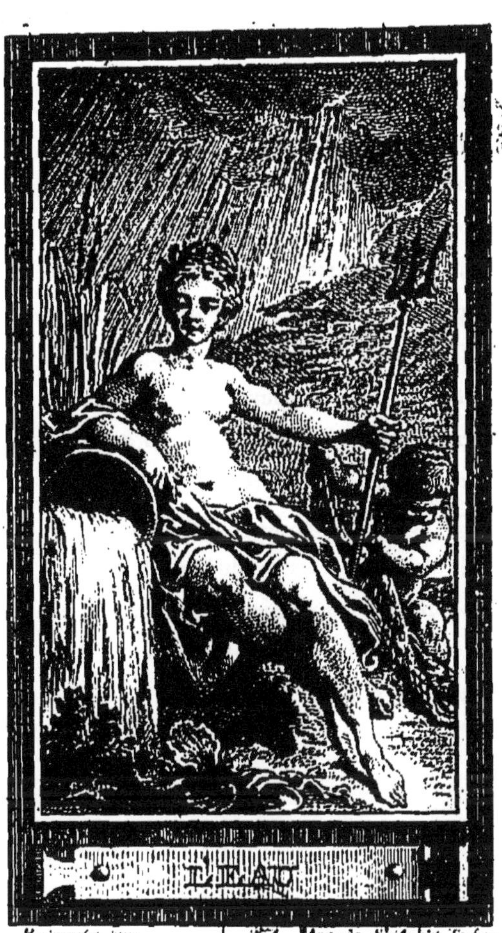
L'EAU
Aug. de St. Aubin Sculp.

EAU.

Une nayade, couronnée de roſeaux, appuyée ſur ſon urne & tenant le trident de Neptune, eſt l'emblême ſous lequel les iconologiſtes repréſentent l'*Eau.* On la peint preſque nue, ſymbole de ſa pureté, & placée ſur un lieu élevé, pour ſignifier que c'eſt des montagnes que deſcendent les fleuves qui arroſent la terre; l'urne ſur laquelle s'appuye la nayade, en eſt l'emblême. Le trident du dieu des mers & l'enfant qui tient des filets, achèvent de caractériſer cet élément. La multitude, la variété, la richeſſe de ſes productions ſe remarquent dans les coquillages, comparables en beauté & en diverſité aux fleurs & aux plumages des oiſeaux.

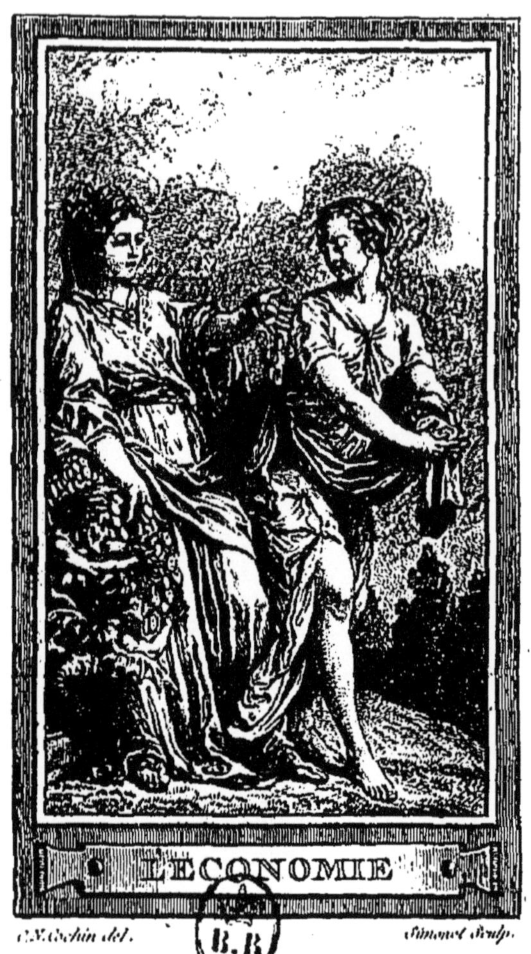

C.N.Cochin del. Simonet Sculp.

ÉCONOMIE.

Sage emploi des biens de la fortune. L'*Economie* doit être peinte sous les traits d'une femme déja avancée en âge, parce que cette qualité n'est pas ordinairement le partage de la jeunesse; elle tient enveloppée dans ses vêtemons une corne d'abondance remplie d'or & d'argent, afin de n'en laisser échapper que ce qui lui est nécessaire.

PRODIGALITÉ.

Les iconologistes peignent la *Prodigalité* sous la figure d'une femme aveugle, ou les yeux couverts d'un bandeau, parce que ce vice est une libéralité déplacée; mais on a préféré de le représenter par une femme jeune, richement vêtue, ayant auprès d'elle une corne d'abondance renversée, d'où s'échappent une grande quantité de bijoux & de pièces d'or, que des harpies reçoivent avec avidité; parce que les richesses distribuées sans discernement, ou trop souvent par des motifs criminels, ne servent qu'à entretenir les vices & à corrompre les mœurs.

PROFUSION.

On peut représenter ce vice avec les mêmes attributs que la figure précédente; mais on doit lui mettre un bandeau sur les yeux, parce que la *Profusion* est encore plus aveugle que la Prodigalité. Derrière la *Profusion* on peindra la Pauvreté qui s'avance à pas lent, parce qu'elle en est la suite inévitable.

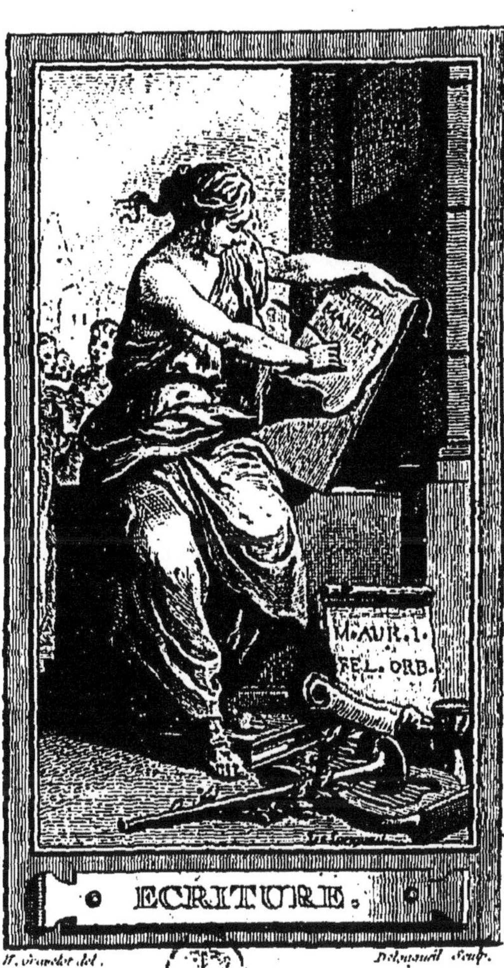

ECRITURE.

H. Gravelot del. Delaunay Sculp.

ÉCRITURE.

Son action seule la fait connoître, & les paroles qu'on lui fait écrire désignent son utilité : SCRIPTA MANENT, *ce qui est écrit passe à la postérité.* C'est par elle, en effet, que nous jouissons des richesses de l'antiquité. Historiens, philosophes, poètes, lui doivent en quelque sorte l'immortalité; tandis que par l'usage des inscriptions, elle conserve & célèbre la mémoire des princes, l'amour du monde. C'est ce que les accessoires qui l'environnent doivent faire entendre, ainsi que les figures qui occupent le second plan.

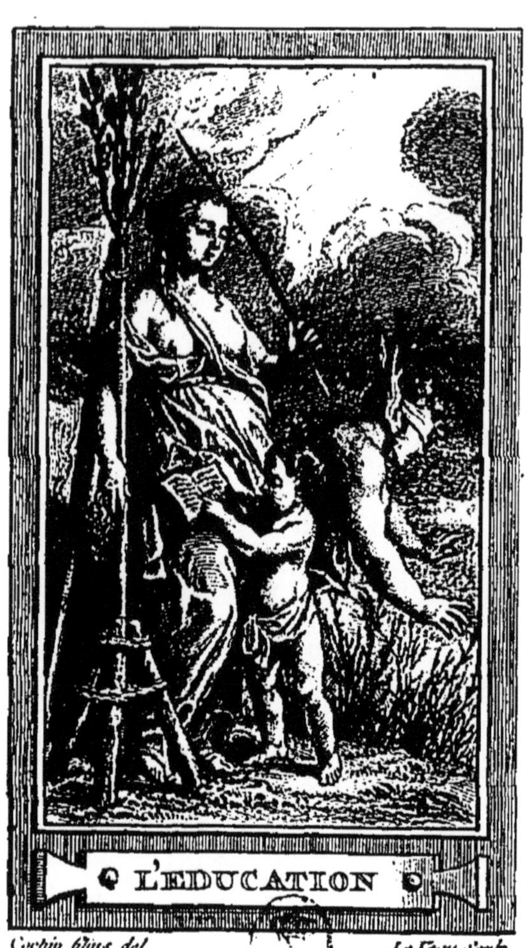

Cochin filius del. *Le Veau sculp.*

ÉDUCATION.

Elle est peinte sous les traits d'une femme d'un âge mûr, dont le sein découvert laisse appercevoir le lait qui découle de ses mammelles. La maturité de l'âge suppose l'expérience nécessaire à l'*Education*, & le lait qu'elle répand est l'emblême de la nourriture spirituelle; d'une main elle tient la verge du châtiment, & de l'autre soutient un jeune arbre contenu par des étais pour le faire redresser. Auprès de la figure qui représente l'*Education*, est un enfant qui apprend à lire.

IGNORANCE.

Les iconologistes ont personnifié l'*Ignorance* par une femme épaisse, difforme, les yeux bandés, ayant des oreilles d'âne, coëffée de pavots, & marchant à tâtons dans un sentier rempli de ronces & d'épines; autour de l'*Igno-*

rance volent des hiboux & autres oiſeaux nocturnes. Ces divers emblêmes ſont trop connus pour avoir beſoin d'explications.

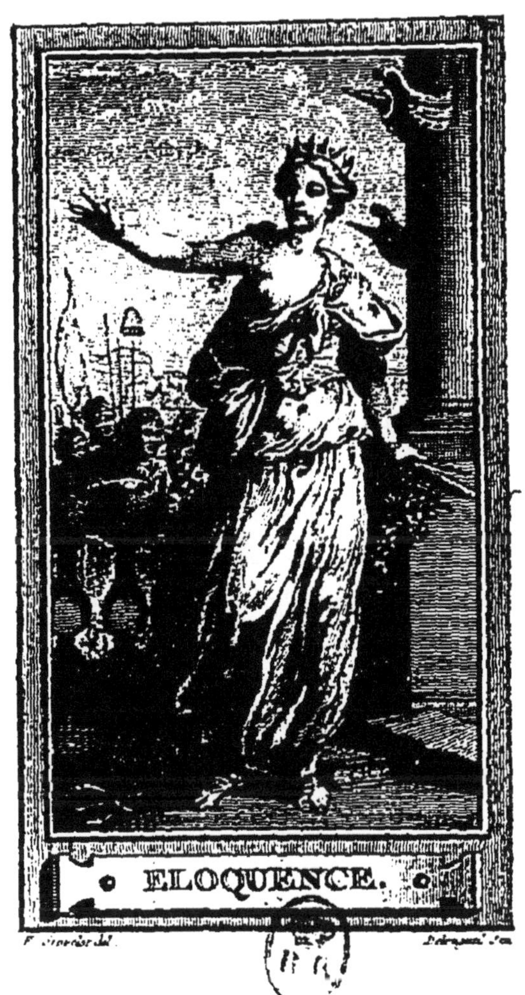
ELOQUENCE.

ÉLOQUENCE.

Le diadême qui lui ceint la tête annonce son empire sur les esprits; son attitude est vive, animée, & le foudre ainsi que les chaînes de fleurs qu'elle tient d'une main, signifient le pouvoir de la raison & le charme du sentiment que l'*Eloquence* sçait également employer. Le caducée qui est à ses pieds, symbole de la persuasion, & les deux noms célèbres de Démosthène & de Cicéron, achèvent de désigner l'*Eloquence*. Le lieu où elle est représentée peut donner l'idée de la tribune, indiquée par la colonne rostrale; on sçait que chez les Romains, ce fut un pareil monument, placé près de la tribune aux harangues, qui lui fit donner le nom de *Rostra*.

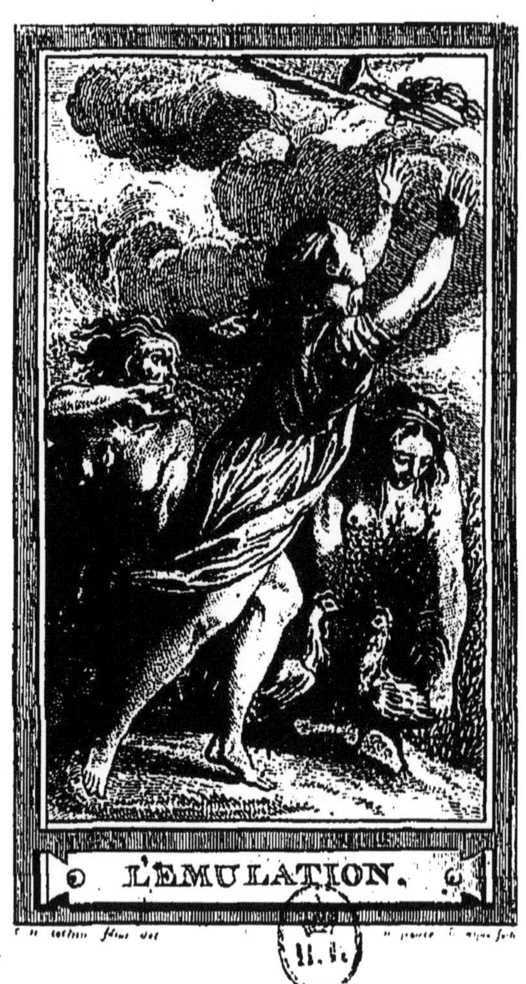

L'EMULATION.

ÉMULATION.

Sentiment qui consiste à rendre justice au vrai mérite, & qui donne l'ardeur & le courage nécessaire pour l'acquérir, ou même pour le surpasser. L'*Emulation* est peinte sous la figure d'une jeune fille, les bras étendus, qui paroît vouloir s'élancer vers une couronne, une palme, une trompette grouppés ensemble, symboles des récompenses glorieuses dues aux vertus, au génie, aux talens distingués.

DÉCOURAGEMENT.

On peut le représenter par une femme échevelée, l'air triste, abbattu, les bras pendants, renfermée, par une haie garnie d'épines, dans un champ qui n'a produit que des ronces & des chardons.

ENVIE.

Passion affreuse qu'afflige les succès, la gloire, les talens, & qui ne se réjouit qu'à la vue des maux qu'elle fait naître. L'*Envie* est peinte sous les traits d'une furie qui se mord le poing; elle est enveloppée dans les replis d'un serpent qui lui ronge le cœur, & s'efforce d'arrêter l'Emulation dans sa course, pour s'opposer à ses progrès.

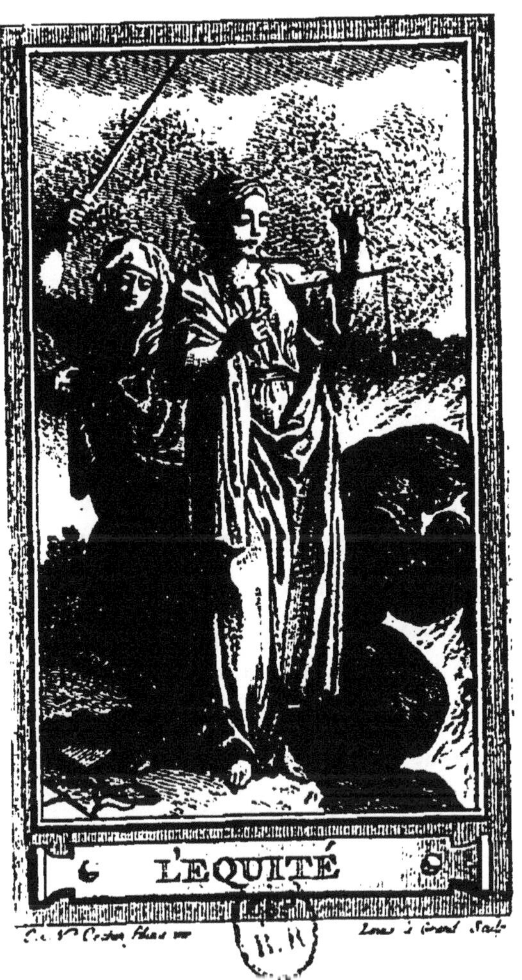
L'EQUITÉ

ÉQUITÉ.

Vertu qui consiste à rendre à chacun ce qui lui appartient. On la représente par une femme d'un caractère grave, un diadême sur le front, tenant un fléau de balance mis en équilibre par deux poids égaux.

INJUSTICE.

Prévarication des loix ; vice dangereux qu'on peint sous les traits d'une femme vêtue de noir, tenant d'une main le glaive de la justice, & de l'autre un crapaud, animal venimeux, que les iconologistes donnent pour attribut à l'*Injustice*. Pour la caractériser davantage, on la représente brisant sous ses pieds les balances de Thémis et les tables de la loi.

CHICANE.

Ainsi que dans la figure précédente, la *Chicane* peut être représentée par une femme qui foule aux pieds les loix & les balances de

Thémis ; mais on doit observer que la *Chicane* est peinte vieille, maigre, hideuse, & qu'au lieu de lui faire tenir l'épée & le crapaud, elle dévore des sacs de procédure dont on la voit entourée.

INIQUITÉ.

On pourroit comprendre sous cette dénomination l'assemblage de tous les vices ; mais l'*Iniquité* est représentée par les iconologistes, sous la figure d'une femme laide, effrayante, vêtue de noir, la tête enveloppée de son manteau, fuyant à l'aspect de la lumière, & entourée d'un serpent qui lui déchire les entrailles ; emblême des remords vengeurs qui poursuivent le crime.

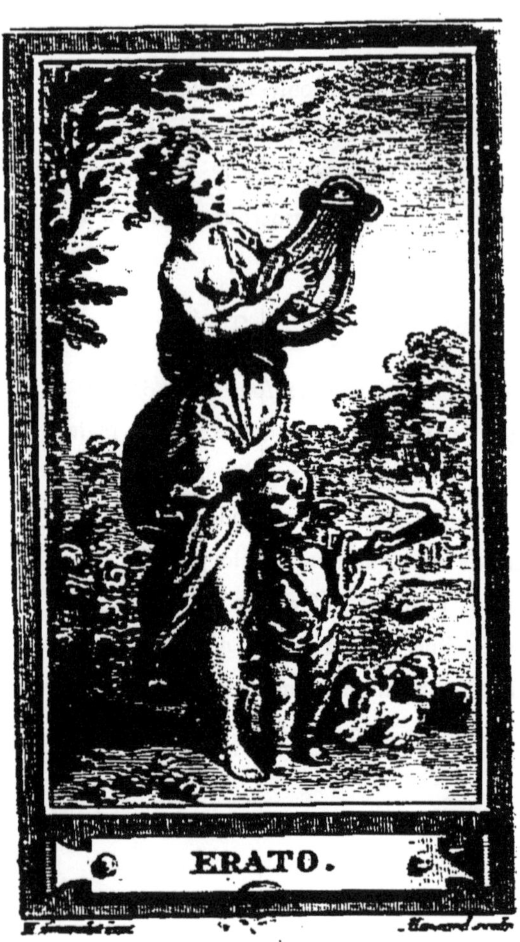

ERATO.

ERATO.

Muse qui préside à la poésie lyrique. On la peint sous les traits d'une jeune nymphe enjouée, couronnée de myrthe, de roses, & pinçant de la lyre. A côté d'elle les anciens représentoient Cupidon, tenant son arc & son flambeau. Cette muse est couronnée de myrte & de roses, parce qu'elle inspire les poésies amoureuses; c'est pourquoi l'on a placé près d'elle les colombes de Vénus.

ESPERANCE.

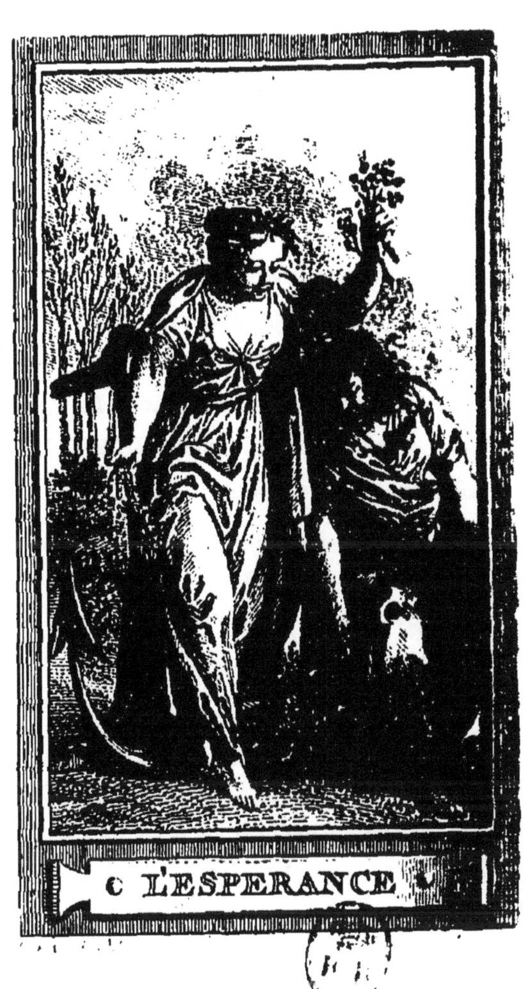

L'ESPERANCE

ESPÉRANCE.

Divinité révérée des Romains, qui lui élevèrent un temple. On représente l'*Espérance* sous la figure d'une jeune nymphe, l'air serein, souriant avec grace, couronnée de fleurs naissantes qui annoncent les fruits, & tenant à la main un bouquet de ces mêmes fleurs. La couleur verte a toujours été donnée à l'*Espérance*, c'est l'emblême de la jeune verdure qui présage la récolte des grains. On donne aussi une ancre de navire pour symbole à l'*Espérance*, parce qu'elle soutient & console dans le danger & dans le péril. On pourroit y ajouter l'arc-en-ciel.

DÉSESPOIR.

Ce dernier période du malheur est peint sous les traits d'une femme pâle, livide, ensanglantée, un poignard dans le sein, fléchissant les genoux, & tenant à la main une branche de cyprès. Pour plus d'exactitude, il feroit mieux de repréfenter le *Déſeſpoir*, avec les mêmes attributs, ſous la figure d'un homme que ſous celle d'une femme.

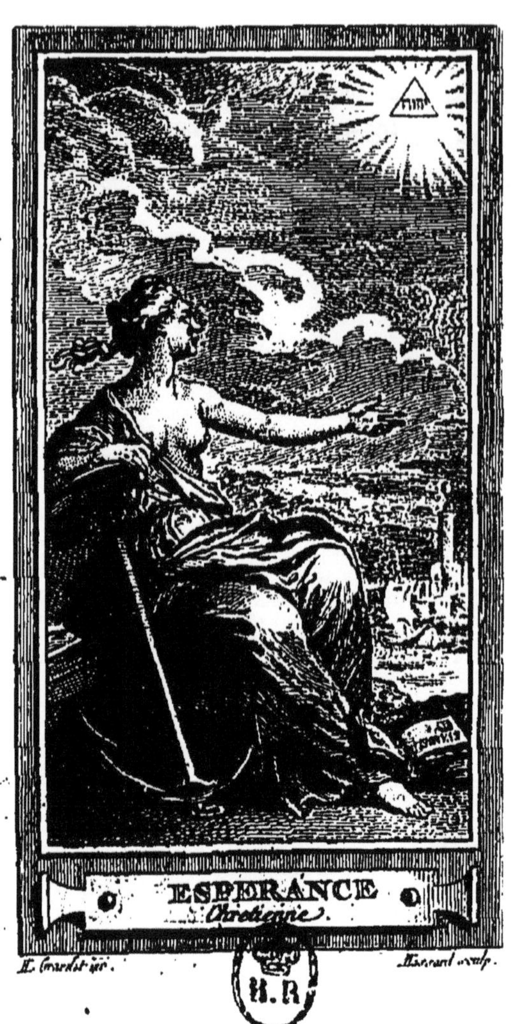

ESPERANCE
Chrétienne.

ESPÉRANCE CHRÉTIENNE.

APPUYÉE sur un des attributs qui la caractérise, l'*Espérance chrétienne* a les regards fixés sur le nom du Très-Haut qui paroît dans le ciel; cet emblême a été employé par *Slodtz*, dans une des figures du péristyle de St-Sulpice. La ville qu'on apperçoit dans l'éloignement, annonce qu'on doit fuir le monde pour la méditation; c'est ce qu'on a tâché d'exprimer par le livre ouvert auprès de l'*Espérance chrétienne*, où se trouve écrit le mot *Evangile*.

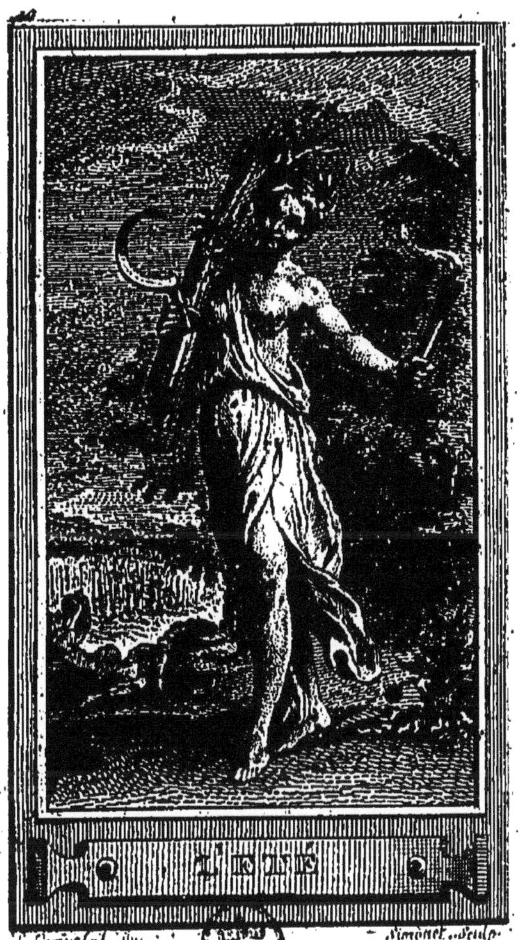

H. Gravelot. inv. Simonet. Sculp.

É T É.

Cette ſaiſon eſt repréſentée par une jeune femme couronnée d'épis, vêtue d'une draperie jaune, tenant d'une main une torche allumée, & de l'autre une faucille avec une gerbe de bled, le plus précieux de ſes dons. Elle eſt repréſentée jeune, parce que l'*Eté* eſt la jeuneſſe de l'année, comme le printemps en eſt l'enfance. La figure qui repréſente l'*Eté* tient une torche allumée, pour déſigner la chaleur du ſoleil qui eſt alors dans toute ſa force. Un moiſſonneur qui repoſe à l'ombre, & un autre qui ſe déſaltère, achèvent de caractériſer cette ſaiſon.

12

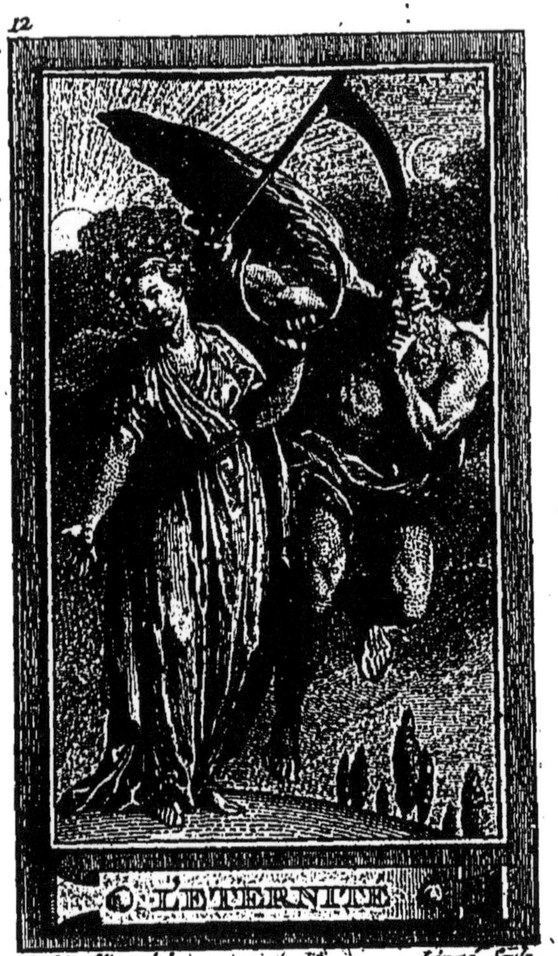

Cochin filius del. Lingé Sculp.

ÉTERNITÉ.

Parmi les différens emblêmes que les iconologistes ont employés pour peindre l'*Eternité*, le plus généralement adopté par les artistes, & celui qui parle le plus clairement aux yeux, est le serpent qui forme un cercle en se mordant la queue. La figure qui représente l'*Eternité* est placée debout sur le globe du monde; elle est couronnée d'étoiles, & sa robe en est parsemée, parce que les anciens ont toujours cru que ces astres étoient éternels. On peut ajouter encore, pour servir de fond au tableau, le soleil & la lune qui font leurs révolutions & se perdent dans les nuages, tandis que l'*Eternité* reste immobile.

TEMPS.

Rien de plus précieux que le *Temps*, car rien n'est plus rapide; aussi est-il toujours représenté avec des aîles. Les mois sont, pour ainsi dire, ses enfans; on les a représentés jeunes, parce que dans les divisions du *Temps* par heures, jours, mois & années, les heures sont regardées comme l'enfance du *Temps*; les jours sont son adolescence, les mois sa jeunesse, & l'année sa virilité. Quant au *Temps* même, comme rien ne se conçoit plus ancien que lui, on le représente sous l'aspect d'un vieillard avec des aîles, entouré du soleil & de la lune, qui servent à régler son cours. L'horloge de sable, emblême du présent qui fuit, & la faux qui signifie que le *Temps* détruit tout, sont les attributs particuliers qu'on donne à cette figure; c'est pourquoi on lui fait ronger une pierre, allusion à celle que Rhée substitua aux enfans que Saturne dévoroit; allégorie que la mythologie nous a conservé pour exprimer le pouvoir destructeur & irrésistible du *Temps*.

IMMORTALITÉ.

LES iconologistes en ont donné plusieurs emblêmes. En résumant ceux qui paroissent les plus intelligibles, on doit peindre l'*Im-*

mortalité fous la figure d'une jeune fille, couronnée de lauriers, tenant d'une main un cercle d'or, & de l'autre une palme. On peut y ajouter encore des aîles déployées, par la même raifon qu'on en donne à la Renommée ; c'eft ainfi que *Slodtz*, a caractérifé cette figure dans le maufolée du curé de St-Sulpice.

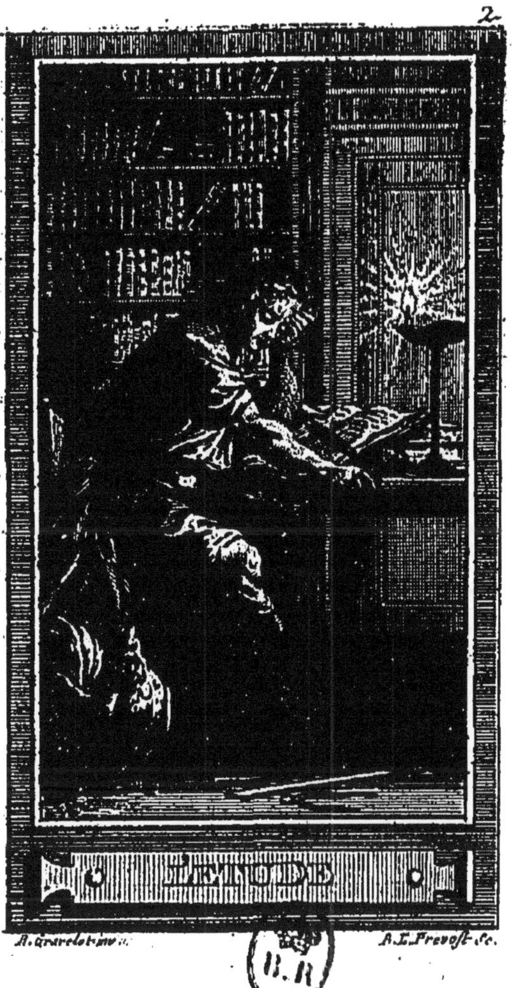

ÉTUDE.

C'est par elle qu'on parvient aux ſciences, c'eſt pourquoi l'on repréſente l'*Etude* par un jeune homme, pour déſigner l'âge propre à l'inſtruction. Son attitude exprime l'application qu'il faut y apporter, comme la plume ſignifie que l'avantage de la ſcience eſt de la communiquer aux autres. La lampe & le coq ſont les emblêmes des veilles & de la vigilance, qualités qu'exigent toujours le deſir d'apprendre. La bibliothèque qui fait le fond du tableau, indique les ſources où la ſcience ſe puiſe, comme la porte fermée annonce la tranquillité & le recueillement néceſſaire à l'*Etude*.

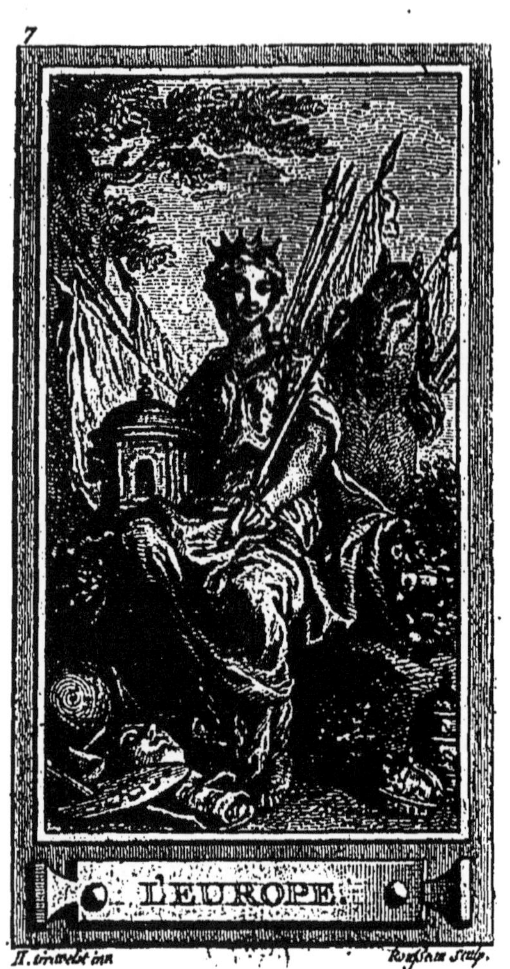
L'EUROPE

EUROPE.

Cette partie du monde est représentée par une femme magnifiquement vêtue; elle porte la couronne que lui acquit autrefois l'empire des Romains sur l'univers. Assise sur deux cornes d'abondance, emblêmes de sa fertilité, l'*Europe*, de la main droite, tient un temple, pour marquer que la vraie religion est observée dans cette partie du monde; de la main gauche elle porte un sceptre, qui exprime que le gouvernement monarchique est établi dans presque toutes les contrées de l'*Europe*. Un cheval & des trophées militaires se font remarquer à ses côtés & désignent sa vertu guerrière, de même que les attributs des sciences & des arts caractérisent la patrie qu'ils ont adoptée. Selon les poètes, l'*Europe* doit son nom à la fille d'Agénor, roi des Phéniciens, que Jupiter enleva & conduisit dans l'isle de Crète.

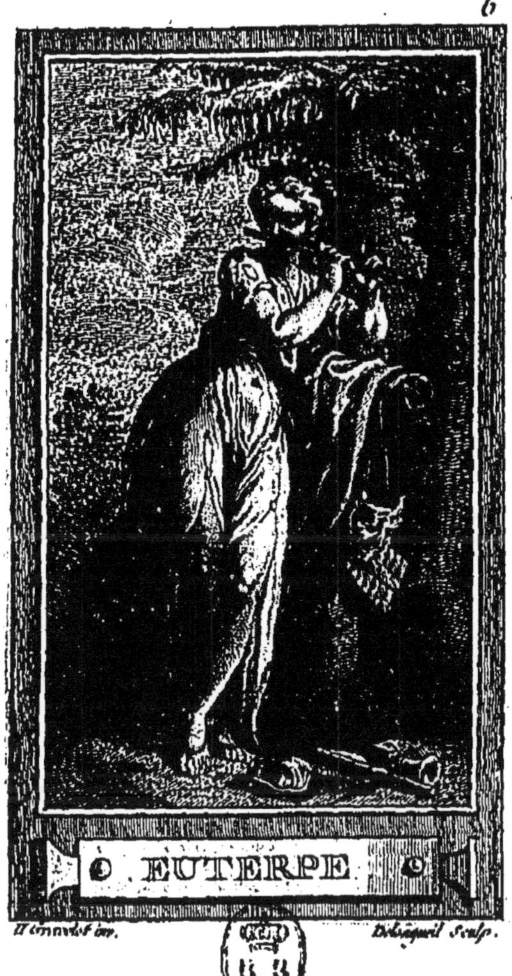
EUTERPE
H Gravelot inv.
Delvaux Sculp.

EUTERPE.

Muse à laquelle on attribue l'invention de la flûte ; c'est elle qui préside à la musique. On représente *Euterpe* sous la figure d'une jeune nymphe couronnée de fleurs, avec des papiers de musique, des haut-bois & autres instrumens à vent. Cette muse, chez les anciens, présidoit aussi à l'art de plaire, dont la flûte étoit le symbole ; c'est pourquoi on la représente presque toujours avec cet instrument.

EXPÉRIENCE.

8

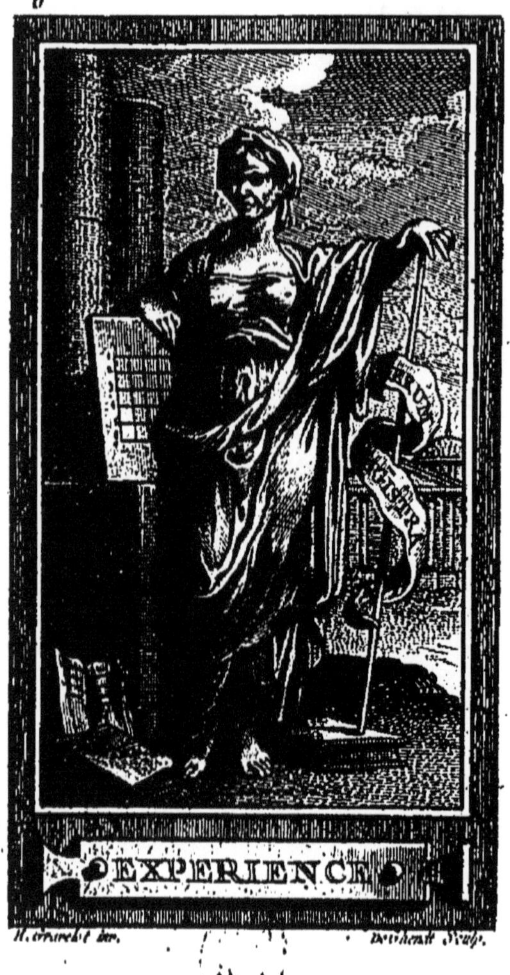

H. Gravelot inv. Duclos Sculp.

EXPÉRIENCE.

Fille du temps & de la réflexion, l'*Expérience* est représentée par une femme âgée, dans une attitude grave, imposante, tenant de la main droite le carré géométrique, & de la gauche une baguette qu'entoure un rouleau, sur lequel se lisent ces mots : *Rerum magistra*, la maitresse des choses. On sait que le carré géométrique, divisé en degrés, donne par la multiplication de ses deux nombres, les proportions, les rapports & les distances. Instruite par les sens, l'*Expérience* a le droit de les régler, & quelquefois de les rectifier, c'est pourquoi on la représente appuyée sur la baguette, symbole du commandement, l'*Expérience* devant présider non-seulement aux sciences, aux arts, mais à tout ce qui est relatif aux connoissances humaines.

PRÉVOYANCE.

Prudence active que donne l'expérience

& le jugement. Les anciens peignoient la *Prévoyance* avec deux visages, pour indiquer que la connoissance du passé sert à prévoir les évènemens à venir; mais depuis que le goût a banni de l'allégorie ces monstruosités choquantes, on représente la *Prévoyance* sous les traits d'une femme d'un âge mûr, le regard attentif, & dans l'action de marcher; d'une main elle tient un compas ouvert, emblême de la rectitude, & de l'autre une baguette surmontée d'un œil environné de rayons : symboles connus de l'expérience & de la vigilance éclairée, dont Mignard a fait usage en peignant la *Prévoyance* dans la galerie de Versailles.

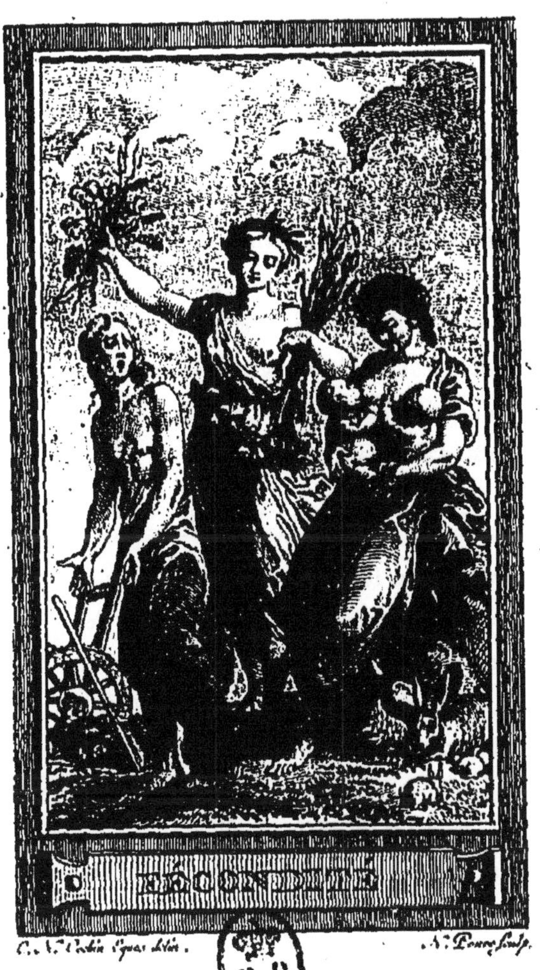

FÉCONDITÉ.

L'EMBLÊME qui convient le mieux à la *Fécondité* est une femme qui allaite deux enfans; on la couronne de sénevé, plante qui multiplie abondamment; à ses pieds sont un lièvre avec ses petits & une poule avec ses poussins, animaux qui peuvent être regardés comme les symboles de la *Fécondité*. On pourroit y ajouter une corne d'abondance.

FERTILITÉ.

LA *Fertilité*, ou fécondité de la terre, peut se représenter par une femme jeune, tenant des épis de bleds, des seps de vigne chargés de raisins, & des fruits de diverses saisons qu'elle répand de toutes parts.

STÉRILITÉ.

PARMI les différens emblêmes que les Iconologistes donnent à la *Stérilité*, on a choisi celui d'une femme affligée, les mammelles desséchées, ayant auprès d'elle une bêche, une charrue, & montrant avec douleur des sillons qui n'ont produit que quelques épines.

DISETTE.

Les mêmes emblêmes de l'article précédent peuvent être employés pour peindre la *Disette*, en supprimant les mammelles flétries dans la figure qui doit la représenter, parce que la *Disette* n'est pas toujours d'une aussi longue durée que la stérilité.

FAMINE.

Fille de la guerre & de la discorde, on peint la *Famine* sous les traits d'une femme extrêmement maigre, le teint pâle & livide, l'air farouche, mangeant les restes de quelques animaux voraces, ou arrachant avec les ongles quelques herbes fanées pour assouvir sa faim.

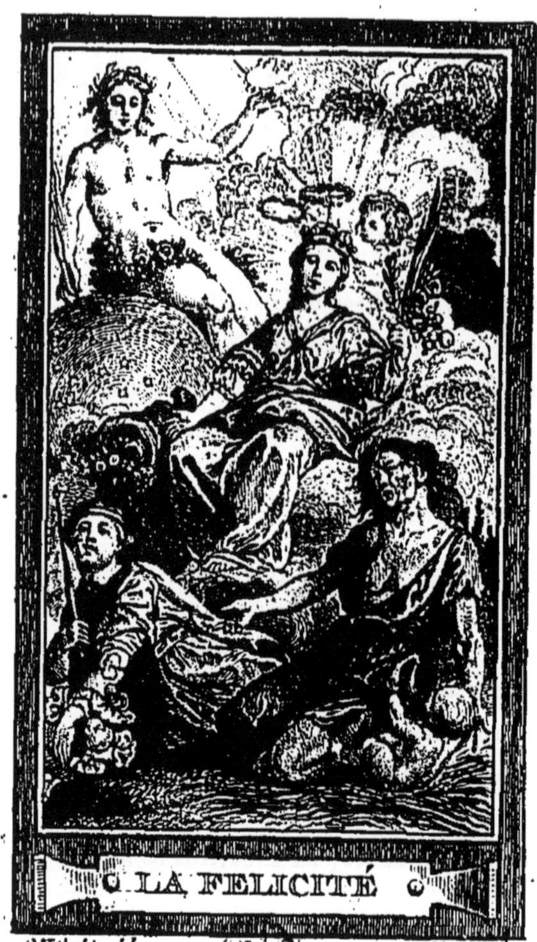

C.N. Cochin del. Massard Sculp.

FÉLICITÉ.

Les iconologistes donnent différens attributs à la *Félicité*, relativement aux différens genres sous lesquels on la considère. Nous en distinguerons trois, la première est la *Félicité*, proprement dite. Celle-ci est peinte sous la figure d'une reine, ayant une couronne de diamans; derrière sa tête, au-dessus de laquelle un génie tient suspendu des couronnes de fleurs & de fruits, est un soleil, emblême de la véritable *Félicité* qui ne peut être fondée que sur la sagesse. Auprès de cette figure est une corne d'abondance, & de la main gauche la *Félicité* tient des palmes, des fleurs, des branches de laurier.

FÉLICITÉ ÉTERNELLE.

On la représente par une femme resplendissante de lumière, couronnée de lauriers, assise sur un globe parsemé d'étoiles, tenant de la main droite une palme, & de la gauche une flamme. Elle est nue, pour désigner le mépris qu'elle fait des vanités mondaines; la palme est le symbole des victoires qu'elle a remporté, & la flamme celui de l'amour divin.

FÉLICITÉ PASSAGÈRE.

D'APRÈS quelques iconologistes, on représente la *Félicité passagère* par une femme, le front orné d'un diadême, ayant une ceinture de diamans & tenant un sceptre. Elle marche avec rapidité & s'appuie sur la plante fragile qui porte pour fruit la callebasse. On pourroit ajouter à cette figure des hirondelles & autres oiseaux de passage.

INFORTUNE.

L'EMBLÊME le plus naturel de l'*Infortune* est une femme affligée, couverte des lambeaux de la misère, le sein nud, desséché, implorant à genoux des secours, & montrant un enfant qu'elle gémit de ne pouvoir nourrir.

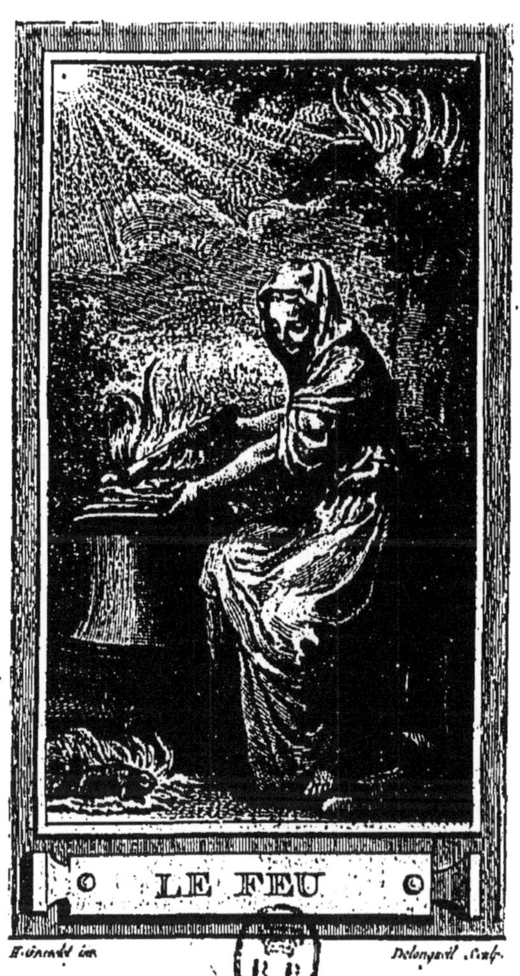

LE FEU

H. Gravelot inv. Delongueil Sculp.

FEU.

Chez les Romains, le *Feu* étoit représenté par Vulcain au milieu des Cyclopes; mais on a préféré de peindre cet élément sous l'emblême d'une jeune prêtresse de Vesta, dont l'emploi consistoit à ne jamais laisser éteindre le *Feu* dans les temples de cette déesse; symbole de la nécessité absolue de cet élément, dont l'absence occasionneroit la destruction de l'univers. Aussi n'a-t-on point omis dans le tableau la présence du soleil, ce principe de la lumière & de la chaleur. Comme les anciens croyoient que la salamandre vivoit dans le *Feu*, & qu'ils en avoient fait l'emblême de cet élément, on n'a pas cru devoir le rejetter. Le *Feu*, selon la fable, rendoit aussi la vie au phénix après lui avoir donné la mort; ce qui pourroit signifier que cet élément est aussi dangereux que nécessaire.

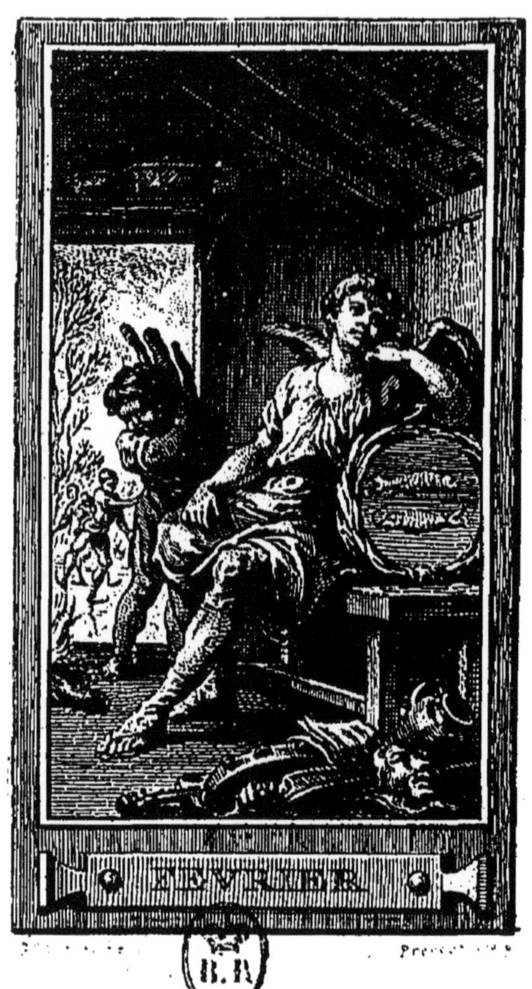
FEVRIER

FÉVRIER.

Ce mois, le dernier de l'année chez les Romains, prit son nom de ce qu'il étoit consacré à Pluton, surnommé *Februus*, le Purificateur. C'étoit le mois où l'on célébroit les expiations & les sacrifices pour les morts. Comme la terre, & ceux qui par leurs travaux contribuent à sa fertilité, sont alors dans le repos, on a cru pouvoir donner à la figure qui représente ce mois, une attitude relative à cette idée. Le signe des poissons est entouré de roseaux, pour désigner l'excellence de la pêche aux approches du printems, & les pluies qui noyent encore les champs & les font quitter pour le séjour des villes, dont on a jugé à propos d'indiquer les amusemens par leurs divers attributs qui se voyent représentés sur le devant du tableau.

10

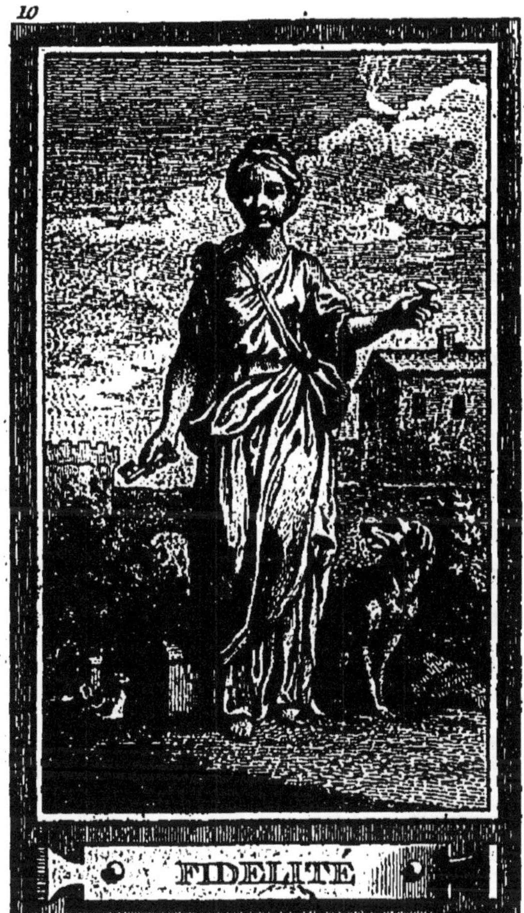

FIDÉLITÉ.

Cette déesse avoit chez les Romains un culte, des prêtres, des temples & des autels. Parmi les attributs que lui a donné l'antiquité, le chien semble en être le modèle plutôt que l'emblême. On ajoute ici le cachet & la clef, parce que chacun de ces symboles est l'équivalent de la *Fidélité;* notre secret & notre fortune, confiés à un véritable ami, sont aussi bien en sûreté que mis sous le cachet ou renfermé sous la clef. Les coffres-forts & les sacs d'argent placés aux pieds de la *Fidélité*, comme sous sa sauve-garde, servent à appuyer cette observation. On pourroit encore donner pour emblême à cette figure, deux mains jointes l'une dans l'autre.

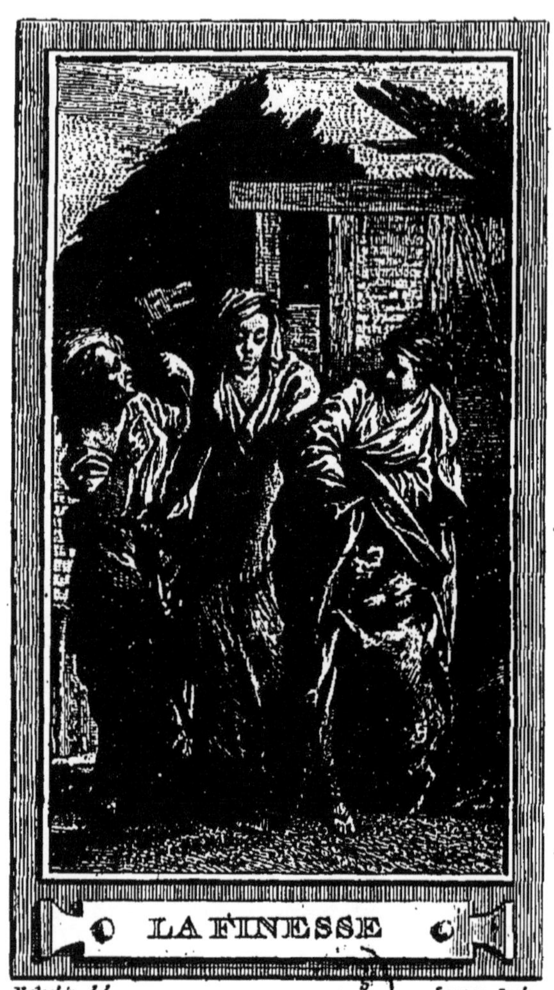

LA FINESSE

N. Cochin del. — *Leveau Sculp.*

FINESSE.

On repréſente la *Fineſſe* par une femme qui tient un ſinge & un renard cachés ſous ſa robe. Comme l'on peut donner à cette figure les mêmes attributs qu'à la Ruſe, on doit caractériſer la *Fineſſe* par un regard malin & une phyſionomie ſpirituelle.

STUPIDITÉ.

Les iconologiſtes repréſentent la *Stupidité* par une femme couronnée de narciſſe, tenant cette fleur à la main, & appuyée ſur une chèvre qui broute des feuilles de la plante nommée chardon roulant. Mais ce qui doit déſigner plus particulièrement la *Stupidité*, ce ſont les traits du viſage, où l'on doit remarquer le caractère diſtinctif de cette figure : *grands yeux ouverts, bouche béante.*

SOTTISE.

On déſigne la *Sottiſe* par une femme coëffée

d'une calotte de plomb, & qui rit en regardant une girouette. On ſait que le plomb eſt l'emblême d'un eſprit peſant, & que la girouette eſt l'attribut de la *Sottiſe*, comme la marotte l'eſt de la folie.

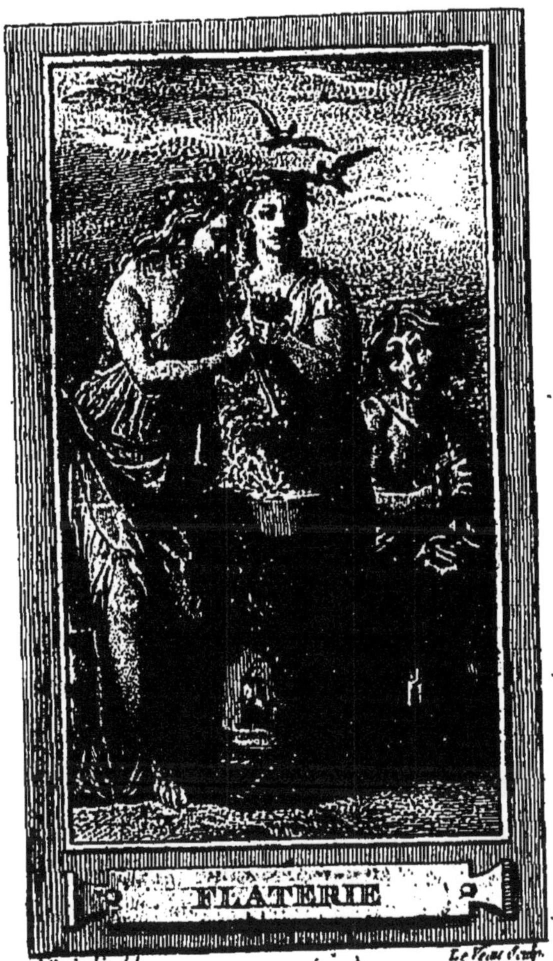
FLATERIE

FLATTERIE.

Tous les iconologistes s'accordent à donner une flûte à la *Flatterie*; le son de cet instrument étant toujours pris pour l'emblême des louanges. Pour faire connoître qu'elles sont trompeuses, on a enveloppé d'un filet, symbole des piéges, l'autel de l'amitié, sur lequel brûle des parfums. La fable du renard & du corbeau, représentée sur une des faces de l'autel, achève de caractériser la *Flatterie*.

AMITIÉ PASSAGÈRE.

Une femme jeune, couronnée de fleurs, symbole de la flatterie, & tenant un nid d'hirondelles, peut servir d'emblême à l'*Amitié passagère*. Les hirondelles sont des oiseaux de passage, c'est pourquoi l'on en voit plusieurs qui voltigent autour de la tête de l'*Amitié passagère*, ou inconstante, dont la couronne est composée des fleurs qui ont le moins de durée.

HAINE.

Aversion invétérée & souvent aveugle lorsqu'elle est fondée sur la jalousie ou la prévention. Ce vice dangereux est représenté par une furie, tenant un poignard entouré d'un serpent, & dirigeant sa marche dans l'obscurité à l'aide d'une lanterne sourde.

11

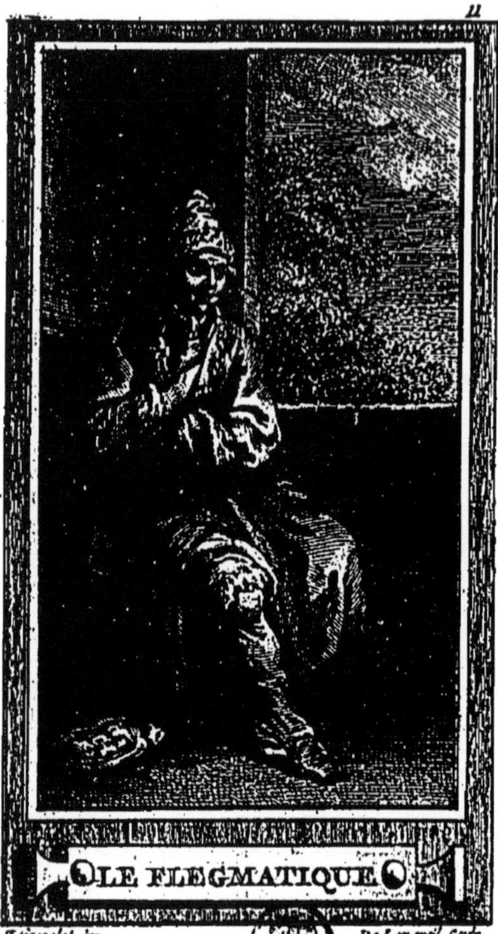

H. Gravelot inv. De Longueil Sculp.

FLEGMATIQUE.

Les anciens iconologiſtes imaginèrent de repréſenter les diverſes complexions ou tempérament de l'homme, tels que le colérique, le flegmatique, le ſanguin, le mélancolique; quoique l'on ait rarement occaſion de faire uſage de ces figures, on n'a pas cru devoir les omettre dans cet ouvrage, & on les trouvera placées ſuivant l'ordre alphabétique. Le *Flegmatique* eſt peint ſous les traits d'un homme gras & replet, vêtu d'une robe fourrée, les jambes croiſées, les mains dans ſon ſein, & ayant à ſes pieds une tortue. Le coſtume & l'attitude du *Flegmatique* annoncent qu'il n'eſt ni moins lent, ni moins pareſſeux que l'animal qu'on lui donne pour ſymbole. Incapable de grandes conceptions & des élans du génie, ſa marche dans l'étude des ſciences & des arts reſſemble aſſez à celle de la tortue qu'on lui donne pour ſymbole.

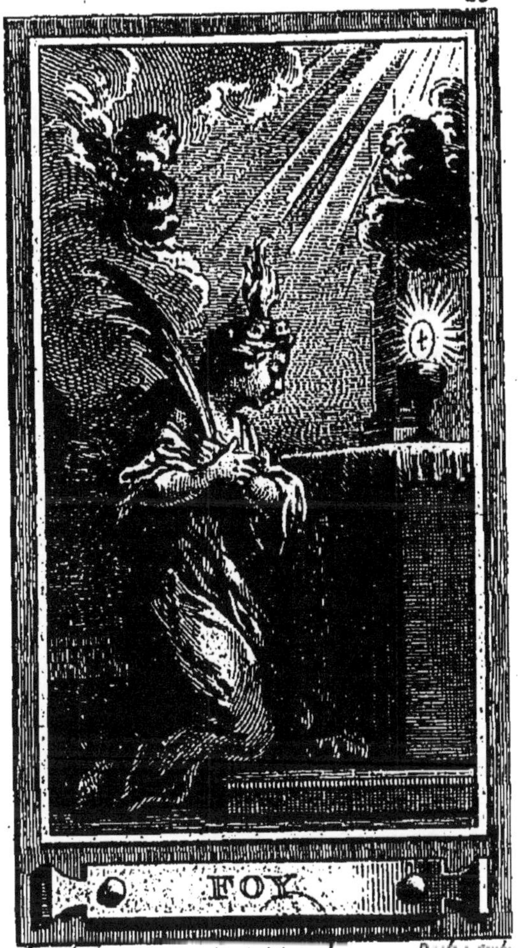
FOY

FOI.

Une femme jeune, dont les traits annoncent la candeur, & adorant le plus auguste des mystères de la religion chrétienne, est le symbole de la *Foi*, première des vertus théologales. La flamme qui s'élève sur sa tête est l'emblême du zèle qui l'anime, ce qui est encore indiqué par la palme du martyre. La *Foi* est un don du ciel; c'est ce qu'annonce poétiquement les rayons qui s'échappent d'un nuage.

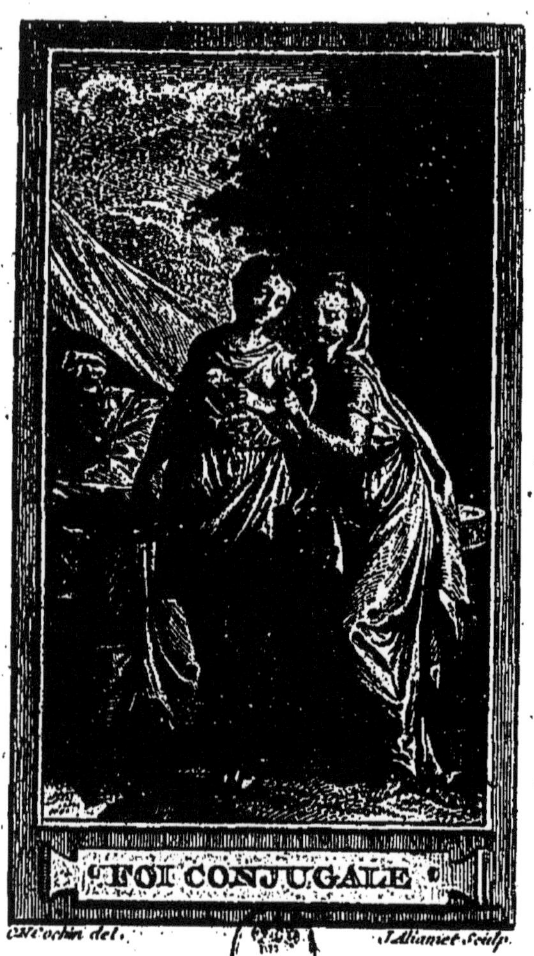
FOI CONJUGALE
C.N. Cochin del.
J. Aliamet Sculp.

FOI CONJUGALE.

On peut la repréſenter par une jeune femme, couverte d'un long voile & tenant une tourterelle. La *Foi conjugale* elle eſt appuyée ſur l'autel de l'hymen, orné de guirlandes, & ſur lequel on lit ces lettres VT. FX. telles qu'on les trouve gravées ſur des monumens antiques; c'eſt l'abréviation de ces deux mots: *Utere Felix;* ſouhait qu'il étoit d'uſage de faire au mariage des anciens, & qui ne pouvoit avoir d'accompliſſement que dans la *Fidélité conjugale.*

LOYAUTÉ.

Les iconologiſtes peignent la *Loyauté* ſous pluſieurs emblêmes; nous avons choiſi les plus ſenſibles. Une femme, dont les traits annoncent la candeur, tient un cœur d'une main & de l'autre un maſque briſé. La *Loyauté* peut ſe repréſenter auſſi avec les mêmes attributs, mais foulant le maſque ſous ſes pieds.

TRAHISON.

La *Trahiſon* eſt peinte ſous les traits d'une vieille femme, la tête entourée de couleuvres, affectant un air riant; d'une main elle tient un maſque, & de l'autre un poignard ſous ſon manteau, dont elle cherche à s'envelopper, pour dérober la vue d'un énorme ſerpent prêt à s'élancer ſur ſa victime.

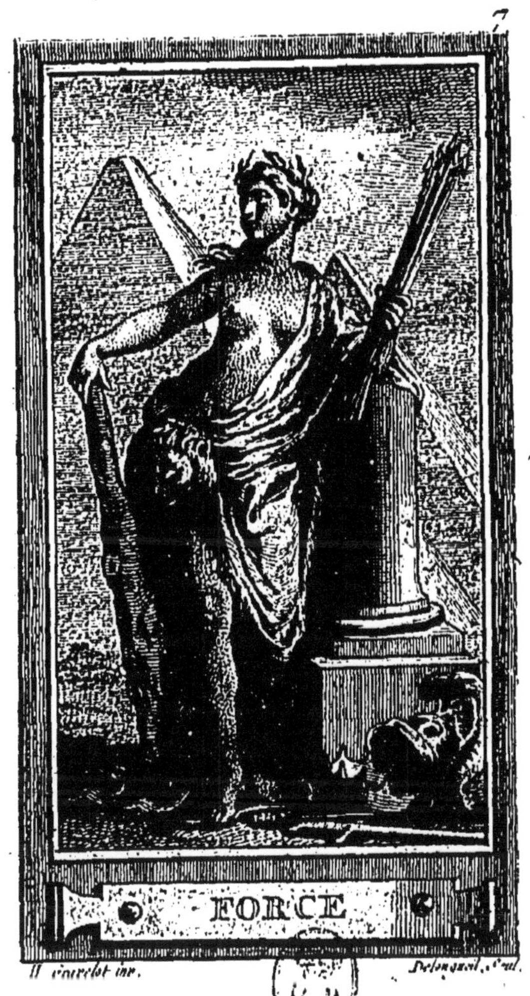
FORCE

FORCE.

Les iconologistes représentent la *Force* sous la figure d'une femme vêtue d'une peau de lion & armée de la massue d'Hercule. Les vipères qu'elle écrase, désignent son utilité, & la massue l'effroi qu'elle inspire aux méchans ; le laurier dont son front est couvert est la digne récompense de cette vertu. La colonne sur laquelle s'appuie la *Force* est son attribut distinctif, & le faisceau de flèches qu'elle tient, lui a souvent été donné pour emblême. Les autres attributs placés à ses pieds, ainsi que les pyramides qu'on apperçoit dans le fond du tableau, sont trop sensibles pour avoir besoin d'explication.

(56)

3

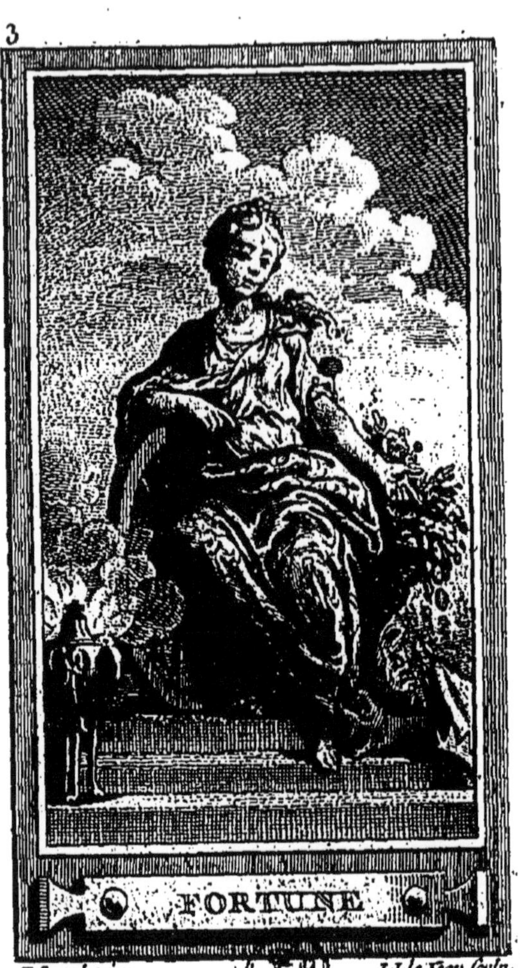

H. Gravelot inv. J. J. le Veau sculp.

FORTUNE.

Assise ſur un trône & appuyée ſur une roue, ſymbole de l'inſtabilité, la *Fortune* ſe fait aiſément reconnoître. La corne d'Amalthée, d'où découlent les richeſſes, indique ce qui lui attire les adorations de l'univers, exprimées par l'encens qui brûle devant elle. Sur les degrés du trône ſe voyent répandus les attributs de ce qui fait ordinairement l'objet de l'ambition des hommes, les dignités; parmi ces attributs on n'a pas oublié de mêler les mîtres aux couronnes.

5

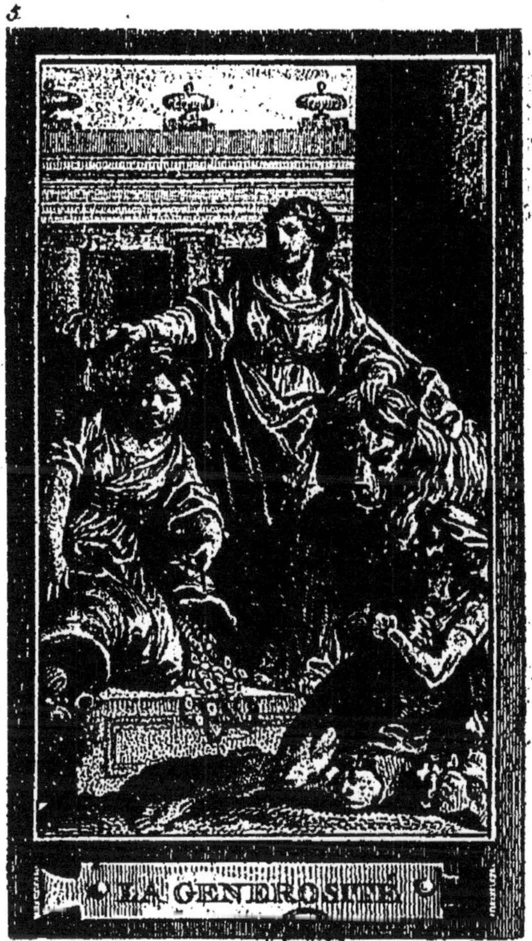

C.N. Cochin del. Massard Sculp.

GÉNÉROSITÉ.

On peint la *Générosité* sous les traits d'une belle femme, vêtue de riches habits & ayant une couronne d'or sur la tête. D'une main elle répand des trésors, & de l'autre s'appuye sur un lion ; on sait que le lion est le symbole de la *Générosité*, ainsi que de la force & du courage.

LIBÉRALITÉ.

D'après plusieurs iconologistes, on a donné, pour attributs à la *Libéralité*, deux cornes d'abondance, un aigle & un compas. L'aigle lui est attribué, parce qu'il abandonne, dit-on, une partie de sa nourriture aux autres oiseaux, & le compas comme emblême du discernement de la *Libéralité*, lorsqu'elle répand ses bienfaits. Les deux cornes d'abondance, dont l'une est remplie de monnoies, de médailles d'or, de perles, & l'autre de fleurs & de fruits, achèvent de caractériser la *Libéralité*.

AVARICE.

Ce vice honteux est représenté par une femme vieille & maigre, tenant une bourse fermée qu'elle presse contre son sein. On peint l'*Avarice* sous les traits d'une vieille femme, parce que c'est ordinairement le vice des vieillards ; sa maigreur annonce que l'*Avarice* se refuse souvent le nécessaire. Les sacs d'argent, auprès desquels cette figure est couchée, désignent l'amour déréglé des richesses.

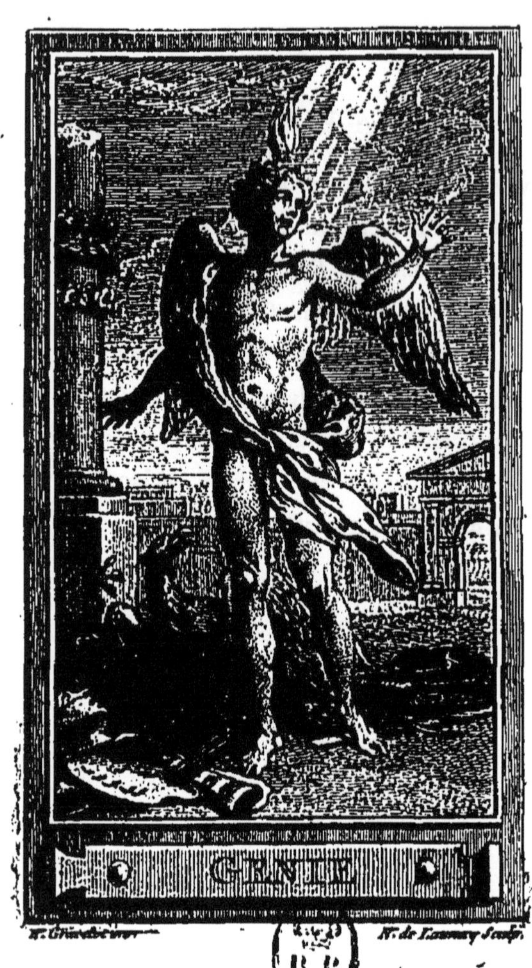
GENIE

GÉNIE.

On le repréſente avec des aîles & une flamme ſur la tête, parce que le propre du *Génie* eſt de s'élever & de briller; mais il ne ſe développe qu'à l'aide des connoiſſances, c'eſt ce qu'on a voulu indiquer par les livres qui ſont à ſes pieds. On y a joint les attributs des ſciences & des arts qui lui doivent tout, & un aigle, pour exprimer la hardieſſe & l'élévation naturelle au *Génie*. Les différentes couronnes qu'on voit ceindre une colonne, ſignifient que la gloire eſt la récompenſe du *Génie;* le rayon qui tombe ſur la figure qui le repréſente, fait connoître que le *Génie* ne s'acquiert point, mais que c'eſt un don de la nature.

ANGE.

Intelligence céleſte, que les peintres & les poètes repréſentent toujours ſous la figure d'un beau jeune homme, nud & avec des aîles déployées.

On peint les *Anges* nuds pour indiquer la ſpiritualité de leur être ; leurs aîles annoncent la rapidité avec laquelle ils exécutent les ordres du ciel. On ſçait que les Chérubins ſe repréſentent avec une tête accompagnée ſeulement de deux petites aîles.

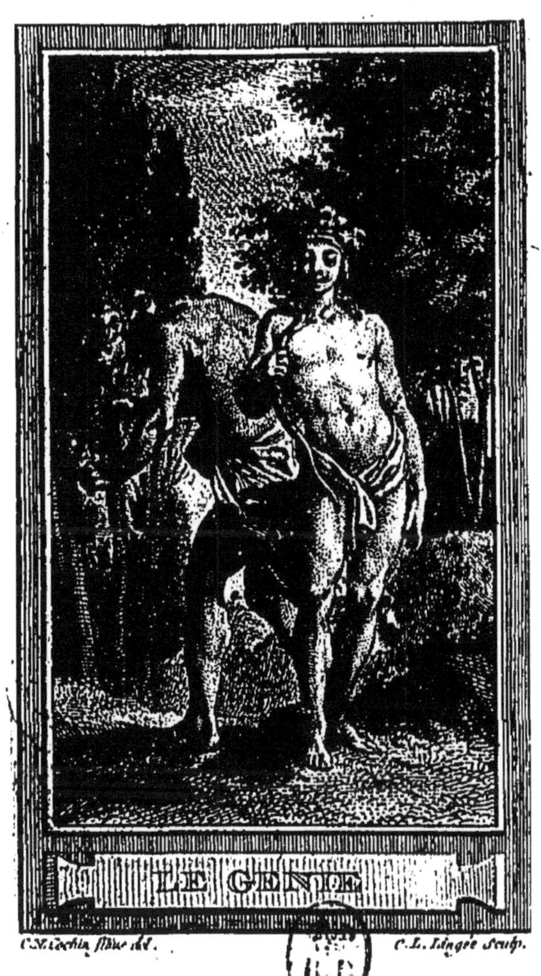

LE GENIE

C.N. Cochin filius del. C.L. Lingée Sculp.

GÉNIE. (*le bon*)

Un jeune homme d'une figure agréable, nud, tenant un serpent, & couronné de feuilles de platane, c'est ainsi que le *Bon Génie* est représenté dans plusieurs médailles antiques. La couronne de feuilles de platane désigne le bonheur, & le serpent est, comme on sçait, le symbole de la prudence. Les anciens croyoient qu'un *Génie* présidoit à la naissance de chaque homme, l'accompagnoit et veilloit à sa conservation.

GÉNIE. (*le mauvais*)

Les Iconologistes représentent le *Mauvais Génie* par un vieillard ayant le regard effrayant, la barbe longue, les cheveux hérissés, & tenant un hibou. C'est ainsi qu'il apparut, dit-on, à Brutus à Actium. On sçait d'ailleurs que le hibou étoit regardé par les anciens comme un oiseau de mauvais augure.

GÉNIES. (*les*)

Les *Génies* des ſciences & des arts ſe repréſentent par des adoleſcens, ou des enfans, ayant une flamme ſur la tête & tenant les attributs ou les inſtrumens des ſciences ou des arts qu'on veut déſigner.

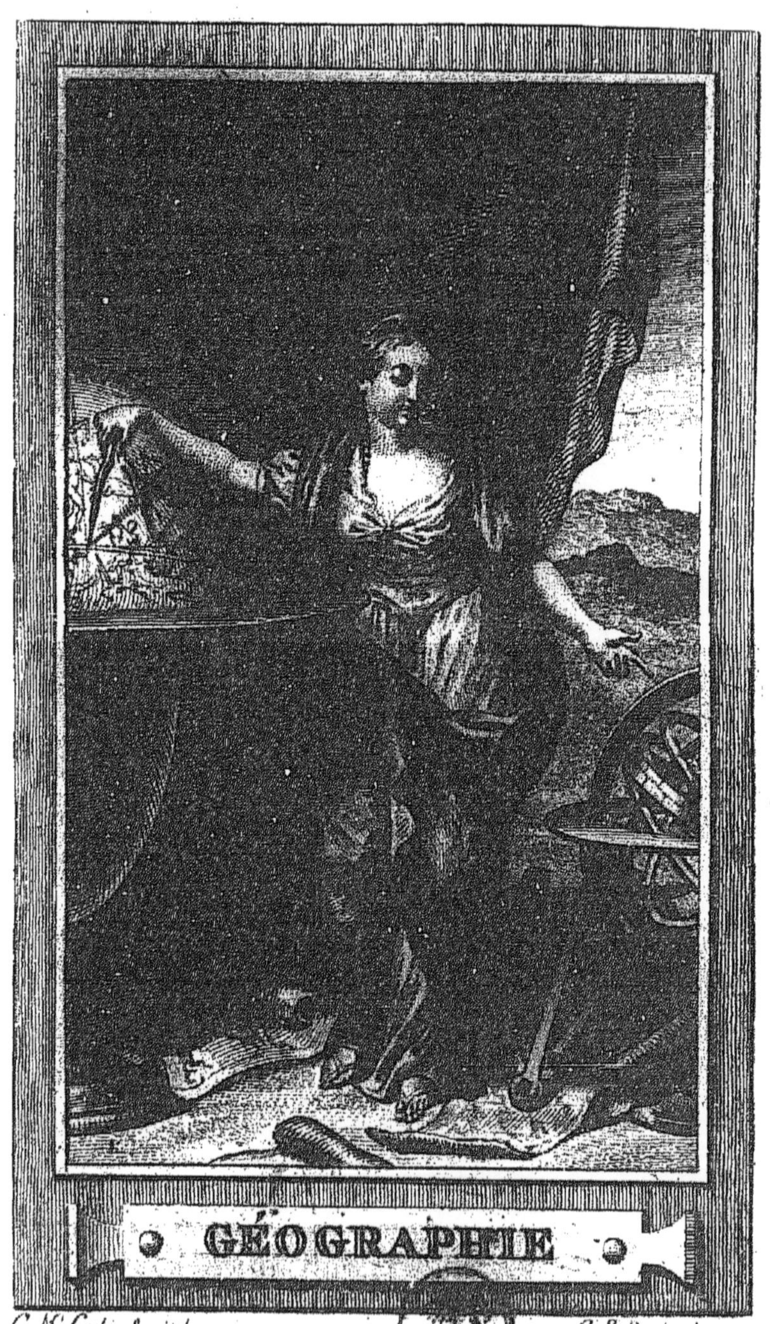

GÉOGRAPHIE

C. N. Cochin Eq. del. C. S. Gaucher inc. 1782.

GÉOGRAPHIE.

Comme c'est à l'astronomie qu'on doit la connoissance exacte de la terre, on a représenté la *Géographie* sous la figure d'une femme tenant de la main droite un compas, avec lequel elle mesure des degrés sur un globe céleste; de la main gauche elle montre une sphère armillaire; à ses pieds sont un quart de cercle, diverses cartes déployées, & des livres, pour indiquer que la *Géographie* emprunte les secours de la géométrie & des sciences exactes.

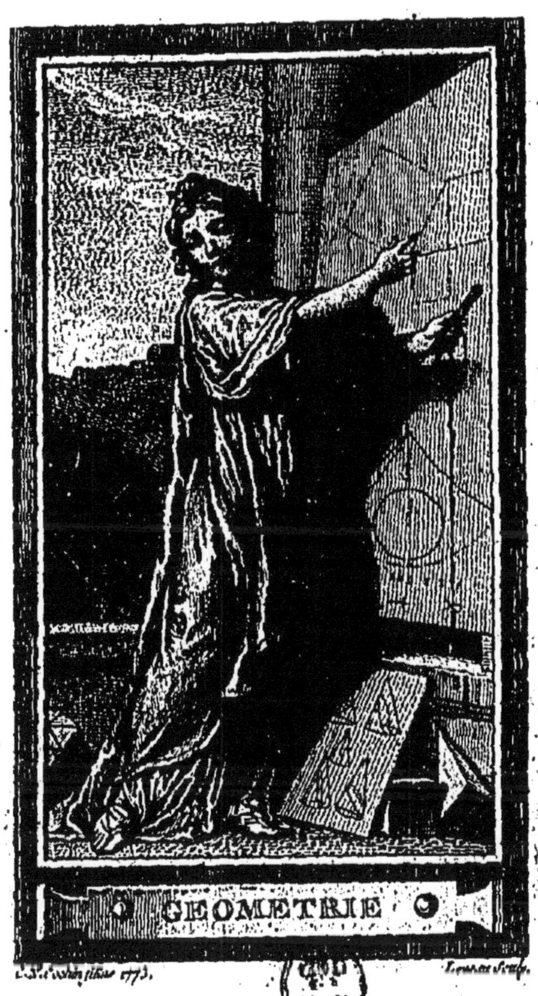
GEOMETRIE

GÉOMÉTRIE.

Science des propriétés de l'étendue; on a représenté la *Géométrie* enseignant & démontrant le fameux problême du quarré de l'hypothénuse, pour la découverte duquel, dit-on, Pythagore sacrifia une Hécatombe aux Muses en action de grace de ce bienfait. Ce problême, par les progrès qu'on a fait dans la *Géométrie*, est devenu moins digne de considération; c'est pourquoi on a cru devoir y ajouter le problême de la cycloïde du pendule; & pour désigner les sections coniques, on a tracé sur un tableau au-dessous, des cônes coupés diversement.

5

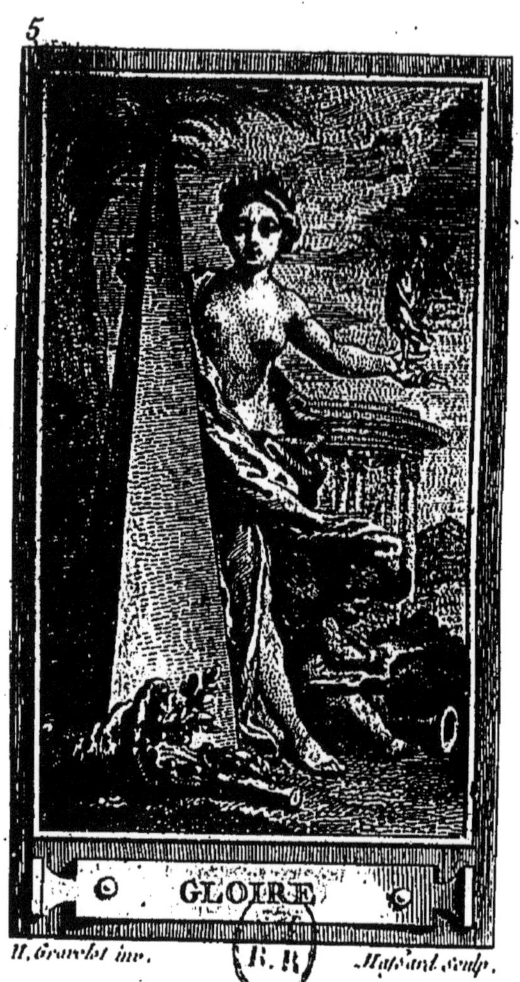

H. Gravelot inv. Massard sculp.

GLOIRE.

Couronnée du laurier qui la caractérise, la *Gloire* tient d'une main la victoire qui communément fait tout l'éclat des conquérans, tandis que les monumens élevés par l'amour des peuples à la mémoire des bons rois, sont d'un bien plus haut prix, & d'une gloire bien plus durable. C'est ce qu'indique la pyramide que la *Gloire* embrasse, tandis que le Génie de l'histoire s'occupe à transmettre à la postérité les actions des grands hommes, & des bienfaiteurs de l'humanité. Les palmes, les arcs de triomphes, le temple de mémoire ornent le fond du tableau, sur le devant duquel sont les distinctions honorables, & les récompenses dues au vrai mérite.

VICTOIRE.

Divinité révérée des Grecs & des Romains

à laquelle ils avoient élevé des temples. On la représente, ainsi que l'indique la petite figure que tient la Gloire, par une jeune fille, les aîles déployées, tenant d'une main une palme et de l'autre une couronne de lauriers.

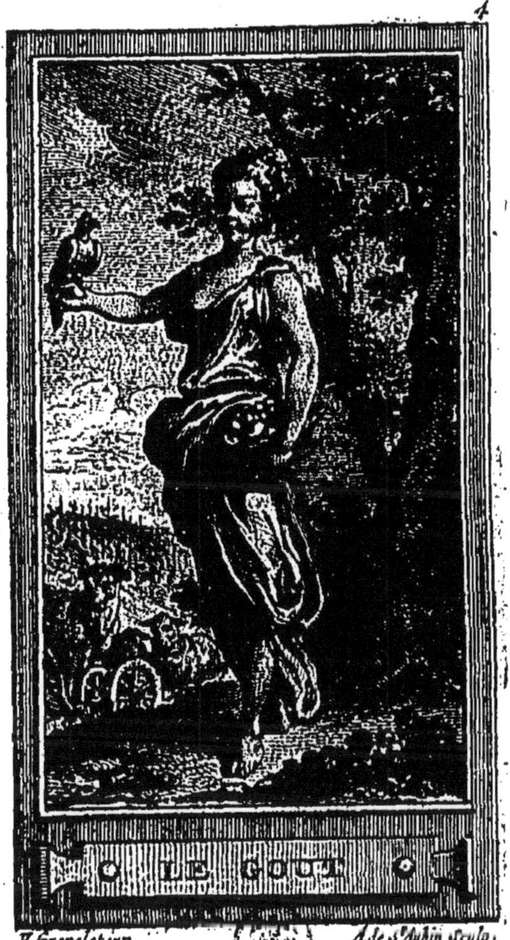

H Gravelot inv · A de S.t Aubin Sculp.

GOUT.

Ce sens est d'une nécessité tellement indispensable, qu'il est donné à tous les animaux. Le *Goût* est représenté par une jeune femme, fraîche, animée, portant d'une main une corbeille pleine de fruit & de l'autre un faucon, symboles des deux sortes d'alimens dont l'homme fait usage. Le faucon, chez les anciens, a été pris pour l'emblême du *Goût*, parce qu'on croit que cet oiseau est très-délicat, & qu'il aime mieux souffrir la faim que de manger aucune viande corrompue. Le chêne fait allusion à la première nourriture de l'homme qui, si l'on en croit les poètes, a été le gland, auquel succédèrent les dons de Cérès exprimés par la charrue, comme ceux de Bacchus le sont par les côteaux couverts de vignes. Le mors qui se voit aux pieds de la figure du *Goût*, annoncent que ce sens a besoin du frein de la tempérance pour ne pas altérer la santé.

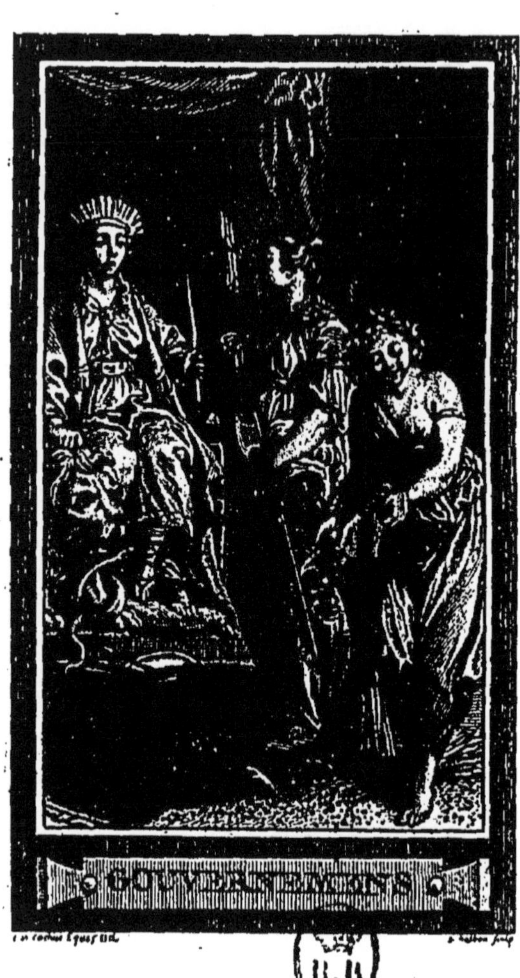
GOUVERNEMENS

GOUVERNEMENS.

ARISTOCRATIE.

On peut repréſenter l'*Ariſtocratie* par une femme ayant ſur la tête une couronne d'or & tenant un faiſceau de verges liées enſemble ; ce faiſceau, ſymbole de l'union, eſt entouré d'une guirlande de lauriers. L'*Ariſtocratie* tient une hache, s'appuie ſur un caſque & ſur des ſacs remplis d'or, pour indiquer la diſtribution des récompenſes & des peines, & pour annoncer que ſa force réſide dans le courage & les richeſſes des citoyens.

DÉMOCRATIE.

Les iconologiſtes repréſentent ce gouvernement par une femme vêtue ſimplement, couronnée de feuilles de vigne & d'orme, tenant d'une main une grenade & de l'autre des ſerpens, auxquels il ſeroit mieux de ſubſtituer des couronnes civiques. On ſçait que ces divers attributs sont les symboles de l'union, base de la *Démocratie*. Un gouvernail, soutenu par un grand nombre de baguettes, achève de désigner ce gouvernement. Aux pieds de la figure qui le représente on voit du bled, partie à terre, partie dans des sacs, pour signifier que la *Démocratie* s'occupe essentiellement de ce qui est nécessaire à la subsistance du peuple.

THÉOCRATIE.

Gouvernement qui réunit dans la même personne le sacerdoce & l'autorité suprême. Quoique plusieurs nations ayent eu un gouvernement théocratique, tels que les anciens Gaulois, sous leurs druïdes, & les Romains sous leurs empereurs, qui remplissoient en même-temps les fonctions de souverain pontife, cependant on ne connoît dans l'antiquité de *Théocratie*, proprement dite, que chez les Juifs, depuis Moïse jusqu'à Samuël; & chez les modernes que dans les états du pape. On peut consulter, pour la Théocratie des Hébreux, la figure de la *Religion judaïque*, en supprimant les accessoires qui sont autour d'elle. La *Théocratie* moderne peut se représenter par une femme dont l'attitude est majestueuse, coëffée de la thiare, vêtue d'une chappe & portant une étole; d'une main elle tiendra deux clefs, & de l'autre un glaive, allusion aux deux pouvoirs du souverain de Rome. Le fond représentera, d'un côté, la basilique de Saint-Pierre, & de l'autre le môle d'Adrien, connu sous le nom de Château St-Ange.

MONARCHIE.

UNE femme superbement vêtue, assise sur un trône, ayant une couronne de rayons sur la tête, & un sceptre à la main, tels sont les traits sous lesquels les iconologistes représentent la *Monarchie*. Elle est appuyée sur un lion, symbole de la domination, de la force & du courage; le serpent & les faisceaux d'armes sont les emblêmes de la prudence & des conquêtes.

MONARCHIE UNIVERSELLE.

On employe les mêmes attributs que dans la figure précédente, pour désigner la *Monarchie Universelle*, mais la figure qui la représente doit être assise sur le globe du monde.

DESPOTISME.

Abus du pouvoir absolu, le *Despotisme* peut se représenter par un sultan ombrageux, d'un aspect féroce, tenant en main une épée nue, & de l'autre un sceptre de fer. On peut ajouter à cette idée, en plaçant autour de son trône des esclaves prosternés, & des satellites armés de glaives.

TYRANNIE.

Comme la crainte est toujours le supplice des tyrans, on peint la *Tyrannie* sous la figure d'une femme pâle, effrayée, le regard sombre & farouche, ayant pour sceptre une épée nue, & tenant un joug de la main gauche. A ses pieds sont des chaînes, des faisceaux déliés, & autres instrumens des supplices.

ANARCHIE.

Suite affreuse de la guerre civile, licence effrénée du peuple lorsque le pouvoir légitime & les loix, sans activité, sans vigueur, sont également méprisés. Les iconologistes n'ont point parlé de cette crise effrayante, mais on peut représenter l'*Anarchie* sous la figure d'une femme dont l'attitude annonce la fureur, les yeux couverts d'un bandeau, les cheveux épars, les vêtemens déchirés, foulant aux pieds le livre de la loi, posé sur un faisceau de baguettes, symbole de l'union; d'une main l'*Anarchie* tient un poignard & de l'autre une torche allumée, allusion aux crimes qu'elle fait naître; un sceptre brisé, un joug rompu achèveut de la caractériser. Le fond du tableau pourra représenter un combat entre des citoyens, dont les armes de différentes espèces, indiquent les insurrections populaires ; & plus loin une ville incendiée.

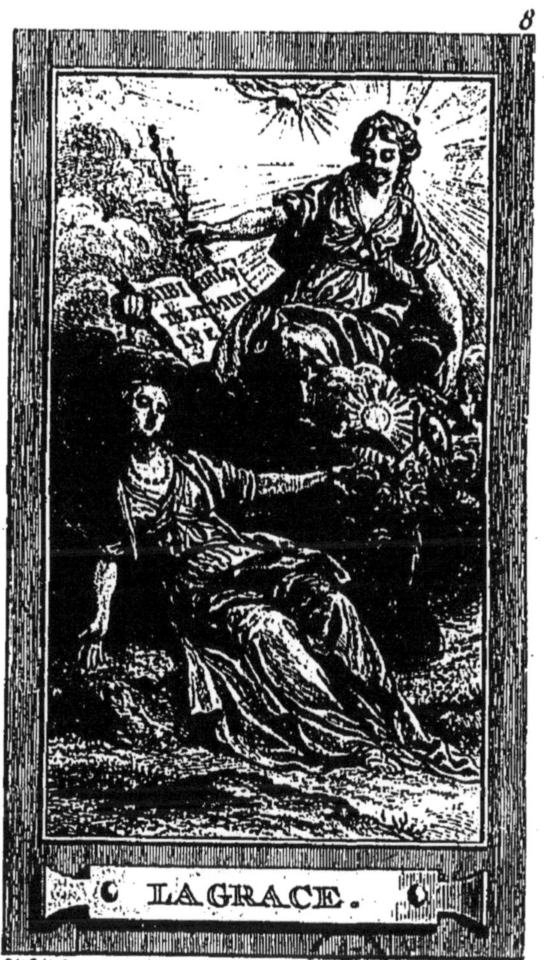

C N Cochin filius inv. del. — Bid. Nicollet sc.

GRÁCE.

PRISE en général, *la Grace* eſt repréſentée par une jeune femme, belle & riante, vêtue d'habits légers, moins riches qu'élégans ; ſa coëffure eſt ornée de fleurs & de pierres précieuſes, où le goût doit faire diſparoître l'art. *La Grace* répand des fleurs ſans épines, ſymbole qui lui eſt particulier ; dans ſes traits & dans ſon maintien, on doit remarquer ce *molle at que facetum* ſi recommandé par les poètes, & cette expreſſion naïve qui la caractériſe ſi heureuſement.

.......La Grace, plus belle encor que la Beauté.

GRACE DIVINE.

LES iconologiſtes ont repréſenté la *Grace divine* ſous la figure d'une belle femme, environnée d'une lumière reſplendiſſante. Le Saint-Eſprit, ſous la forme d'une Colombe, plane au-deſſus de ſa tête, & près d'elle ſont une coupe & un livre où eſt écrit: *Bibite & Inebriamini*. D'une corne d'abondance la *Grace divine* répand les emblêmes des vertus; le miroir de la prudence, le lis de la pureté, le ſoleil de la ſageſſe; des colombes, images de la douceur, s'en échappent auſſi, & ſont accompagnées de fleurs. Le rameau d'olivier que la *Grace divine* tient à la main, eſt ici le ſymbole de la paix & de la tranquillité de l'ame.

GRACES.

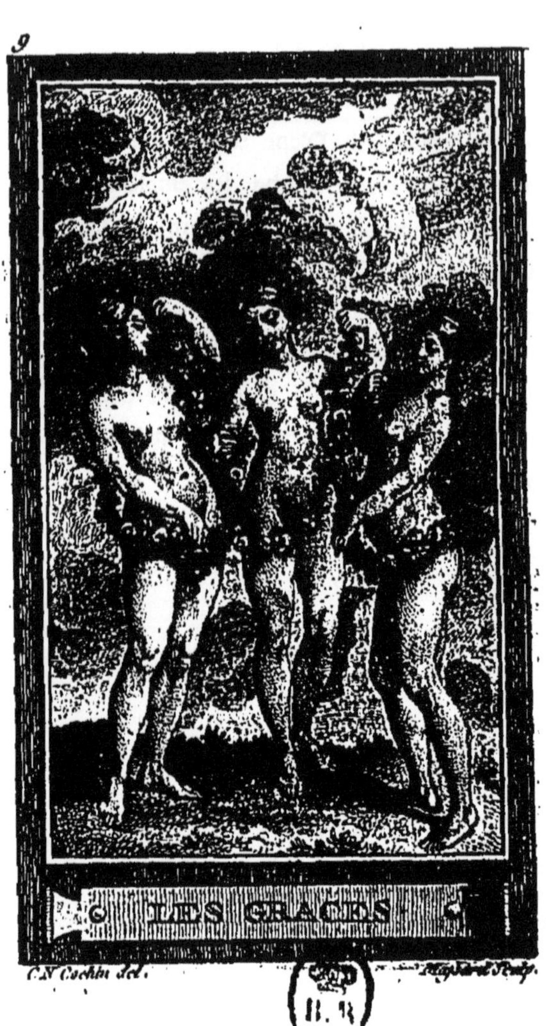
9
LES GRACES
C.N. Cochin del.
Massard Sculp.

GRACES. (*les*)

Les Grecs ont représenté *les Graces* sous l'emblême de trois jeunes filles nues, qui s'embrassent ou se tiennent par la main; elles ne doivent être ornées que de guirlandes de fleurs qui les enchaînent. Ces trois divinités, compagnes de Vénus, ont été nommées *Euphrosine*, *Thalie* & *Aglaé*.

BEAUTÉ.

Sans les Graces, la *Beauté* n'offre point ces attraits touchans, ce charme invincible qui lui assurent les vœux & les hommages des mortels; c'est pourquoi les poètes ont donné les Graces pour compagnes à la *Beauté*. On la peint ordinairement sous les traits de Vénus; mais pour ne point faire d'équivoque, il est à propos de supprimer les attributs particuliers à cette déesse. La *Beauté* sera donc représentée par une belle femme, presque nue, mais sans immodestie, ornée d'une guirlande de lys & de violette, & tenant à la main le trait dont elle blesse tous les cœurs. Pour indiquer encore le pouvoir de la *Beauté*, on peut ajouter auprès d'elle un sceptre, & des chaînes d'or cachées sous les fleurs, symboles de sa puissance.

AMOUR.

Après une esquisse de la Beauté, on doit en trouver une de l'*Amour*, le plus beau, le plus puissant des Dieux. Fils de Vénus & de Mars, l'*Amour*, ou Cupidon, est toujours représenté sous la figure d'un enfant aîlé, dont le regard malin annonce qu'il soumet, en riant, tous les mortels à son empire. Ses attributs sont un arc, un flambeau, un carquois qui contient ses dangereux & inévitables traits. Quoique l'*Amour* soit fils de la Beauté, on le peint cependant quelquefois avec un bandeau sur les yeux; le sens de cet emblême ingénieux & expressif est universellement connu, ainſi que celui des attributs donnés à l'*Amour*. Les Jeux & les Ris qui l'accompagnent ordinairement, ſont repréſentés par des enfans folâtres, ayant des aîles de papillon; alluſion à l'inconſtance des plaiſirs de l'*Amour*. Lorſque l'on peint ce Dieu comme amant de Pſyché, on le repréſente toujours adoleſcent. La deviſe qui convient le mieux à l'*Amour*, eſt renfermée dans ce diſtique heureux :

> Qui que tu ſois, voici ton maître;
> Il l'eſt, le fut, ou le doit être.

AMOUR DE LA PATRIE.

LA révolution étonnante qui vient de s'opérer en France, engagera plus d'une fois les artiſtes à faire uſage de la figure que nous allons décrire, pour tranſmettre cet évènement à la poſtérité. Les iconologiſtes repréſentent l'*Amour de la Patrie* par un jeune guerrier, dans le coſtume romain, tenant deux couronnes, l'une obſidionale, ou de gramen, & l'autre de chêne. La première de ces couronnes est relative à celle qui fut décernée par le sénat à Fabius, après la seconde guerre punique ; la couronne de chêne étoit donnée chez les Romains à celui qui avoit sauvé la vie à un citoyen. On peint l'*Amour de la Patrie* sous les traits d'un jeune guerrier, parce que cette noble passion ne vieillit jamais ; ses vêtemens militaires annoncent que le vrai citoyen est toujours prêt à secourir sa patrie. Sur le devant du tableau paroît un gouffre d'où s'échappent des flammes, allusion au dévouement héroïque de Quintus Curtius.

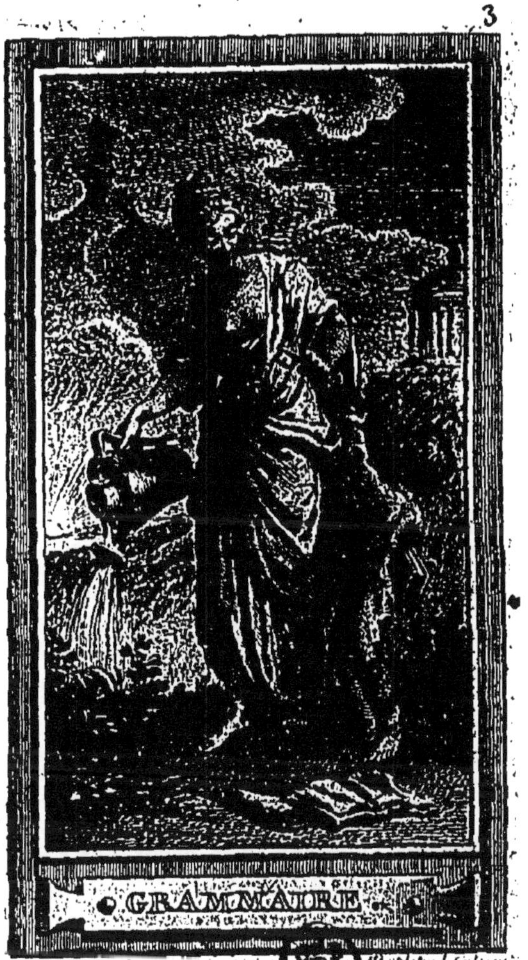
GRAMMAIRE

GRAMMAIRE.

Elle eſt repréſentée par une femme, d'un caractère grave, arroſant de jeunes plantes, parce que c'eſt par elle que commence l'inſtitution des enfans. La clef que tient la *Grammaire* doit être conſidérée comme celle des ſciences, vers leſquelles la *Grammaire* eſt le premier pas. Le goût naturel de l'homme pour elles, s'exprime par l'enfant qui témoigne le deſir de poſſéder cette clef, après avoir jetté derrière lui les amuſemens de l'enfance; le livre qui eſt aux pieds de la *Grammaire*, préſente les premières lettres de l'alphabet. Le temple élevé, qui ſe voit dans le lointain, eſt celui de la ſcience, ou de Minerve, dont l'accès eſt difficile; le ſoleil levant peut encore être employé comme le ſymbole de l'eſpérance que donnent les bons commencemens d'éducation.

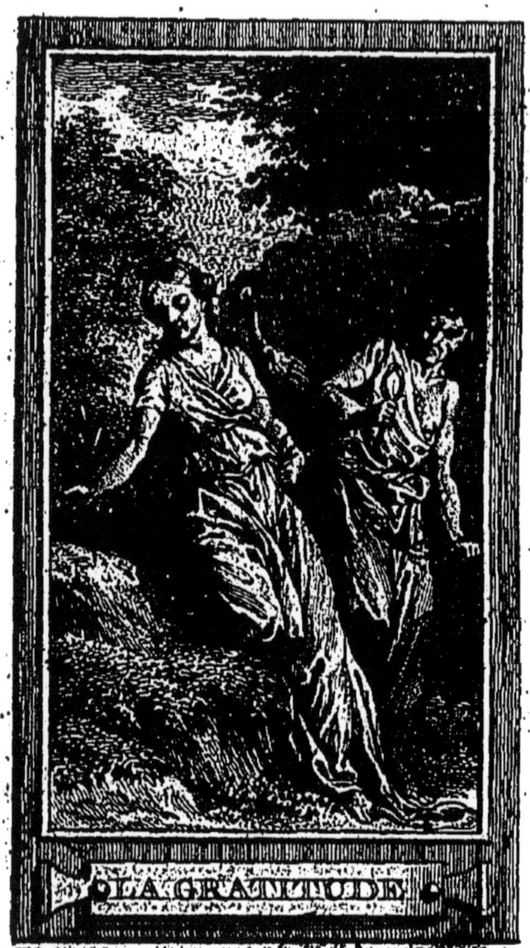

N.Cochin del. [illegible] Sculp.

GRATITUDE OU RECONNOISSANCE.

Une femme, jeune, tenant une cigogne, est l'emblême particulier de la *Reconnoissance.* On la peint jeune, parce que, dans une ame reconnoissante, le souvenir d'un bienfait ne vieillit jamais. La *Gratitude* tient à la main une branche de lupins, à cause que cette plante fertilise la terre où elle croît; mais l'attribut distinctif de la *Reconnoissance* est la cigogne; cet oiseau a, dit-on, soin de ses parens dans leur vieillesse, leur prépare un nid, des dépouilles de leurs vieilles plumes, & leur donne à manger jusqu'à ce que les nouvelles soient repoussées.

INGRATITUDE.

On représente ce vice odieux par une femme maigre, hideuse, qui tient deux vipères, dont l'une mord la tête de l'autre; parce qu'on prétend que quelquefois dans leur jonction la femelle mord la tête du mâle jusqu'à lui donner la mort. On donne aussi à l'*Ingratitude* une ceinture de lierre, par la raison que cette plante détruit souvent l'arbre qui a servi à l'élever, ou le mur qui est son soutient.

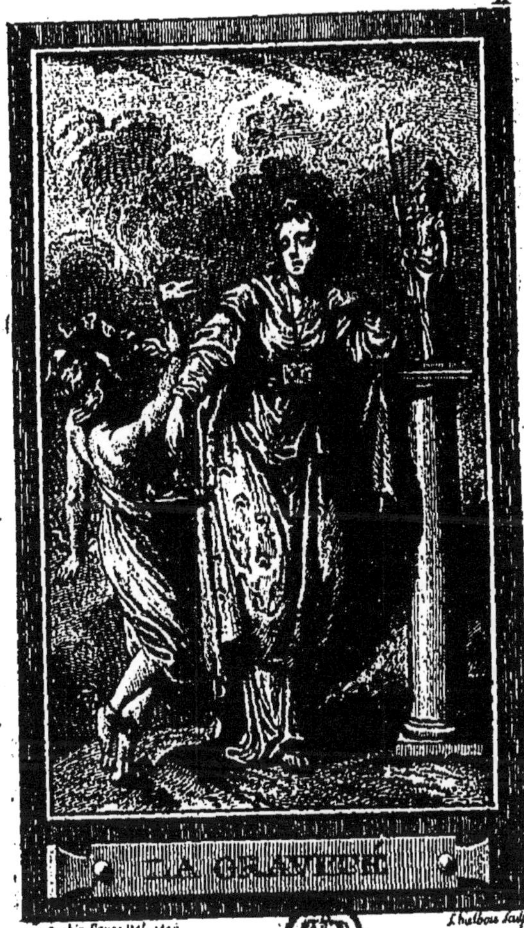

GRAVITÉ.

Quoiqu'on ne faſſe pas un fréquent uſage de cette figure, on n'a point cru devoir l'omettre. Les iconologiſtes repréſentent la *Gravité* par une femme d'un âge mûr, vêtue de pourpre, avec un papier écrit & ſcellé, attaché à ſon cou & pendant ſur ſon ſein; elle s'appuye ſur une colonne qui porte une figure de Pallas, & ſes vêtemens ſont parſemés d'yeux & de plumes de Paon. De la main droite, la *Gravité* tient une lampe; ce dernier attribut, ainſi que les yeux, ſont relatifs à la prudence; la pourpre, les plumes de paon & la lettre ſcellée, ſont les emblêmes des places éminentes, ainſi que la colonne ſurmontée de la figure de Pallas.

LÉGÈRETÉ D'ESPRIT.

Les iconologiſtes repréſentent la *Légèreté d'eſprit* par une femme jeune, ayant des aîles à la tête, aux pieds & aux mains; elle tient une girouette, & autour de sa tête on voit voltiger des papillons.

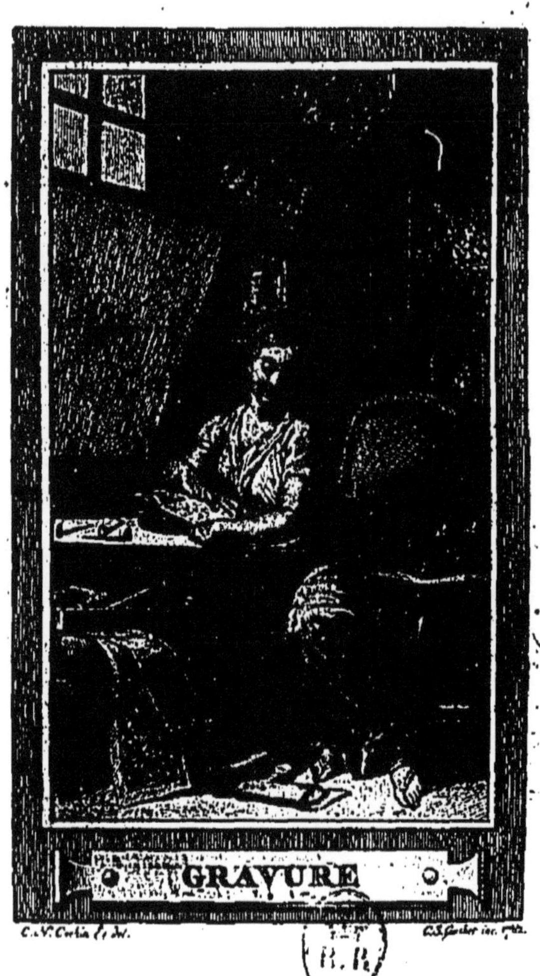
GRAVURE

GRAVURE EN TAILLE DOUCE.

Fille du deſſin, ainſi que la peinture & la ſculpture, la *Gravure* peut être repréſentée par une jeune muſe appuyée ſur une table, où l'on voit les inſtrumens de ſon art ; elle tient un burin, & obſerve une planche ſur laquelle l'eau forte achève ce que la pointe a tracé. Comme la *Gravure* exige une étude approfondie de la ſcience du deſſin, on a tâché de faire appercevoir dans le fond du tableau l'Apollon du Belvedère, la tête du Laocoon, celle de la Vénus Médicis, emblêmes de la correction, de l'expreſſion & de la grace. Les eſtampes du chevalier *Edelinck*, & les batailles d'Alexandre, gravées par *Gerard Audran*, indiquent les chef-d'œuvres de la *Gravure* dans différens genres.

Si l'on deſiroit faire uſage d'une allégorie plus étendue, on pourroit, d'après le poëme latin du père *Doiſſin*, repréſenter, auprès de la *Gravure*, la peinture ſa ſœur qui lui présente ses ouvrages & implore pour eux le secours du burin qui doit les immortaliser en les multipliant ; sur le devant du tableau l'on verroit le Tems abbatu, sa faux brisée, gémissant des triomphes d'un art qui rend ses fureurs impuissantes.

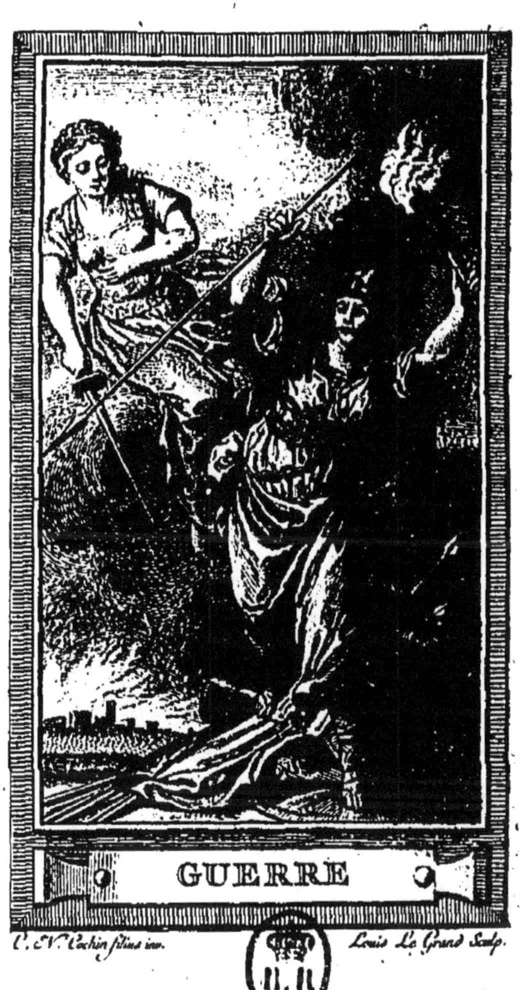
GUERRE
C. N. Cochin filius inv.
Louis Le Grand Sculp.

GUERRE.

Sous les traits de Bellone on peint la *Guerre* le casque en tête, les cheveux épars, l'œil étincelant ; elle est armée d'une pique & tient de la main gauche le flambeau destructeur qui est encore l'attribut de ce fléau. La *Guerre* marche sur un monceau d'armes ; on peut y ajouter tout ce qui sert à caractériser la cruauté, le courage, & représenter dans le fond une ville consumée par les flammes.

TRÈVE.

On représente la *Trève* par une jeune femme, dont la main gauche est posée sur le cœur, en signe de confiance & de bonne-foi ; de la main droite elle tient une épée, dont la pointe est baissée ; emblême de la suspension d'armes. La *Trève* est sans casque, mais vêtue d'une cuirasse, parce que les hostilités ne sont que suspendues.

6

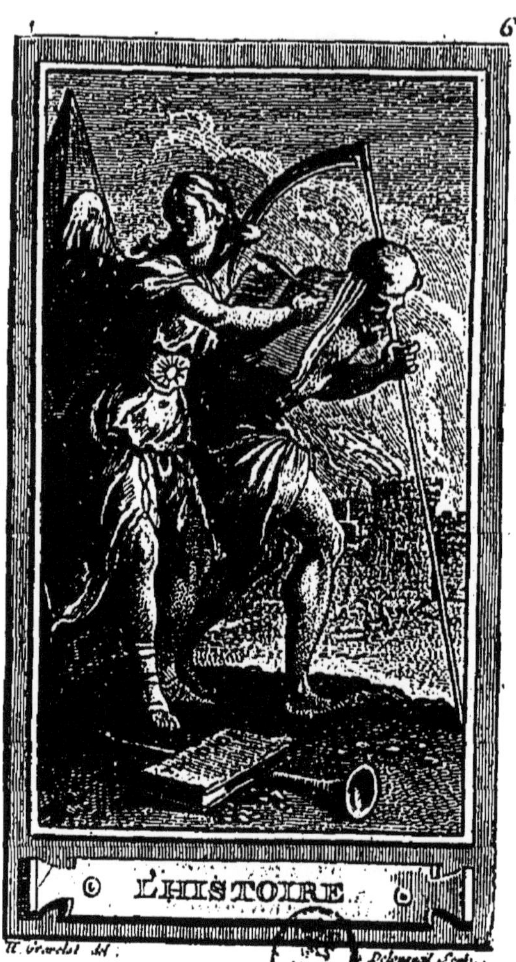

L'HISTOIRE

H. Gravelot del. Delongueil Sculp.

HISTOIRE.

Elle inſtruit des faits & procure l'expérience de tous les âges ; c'eſt pour cela qu'on repréſente l'*Hiſtoire* écrivant ſur le dos de Saturne, emblême du tems. Elle regarde en arrière, pour indiquer qu'elle écrit les choſes paſſées, & qu'elle les tranſmet à la poſtérité. Les aîles qu'on donne à l'*Hiſtoire* ſignifient la facilité qu'elle a de ſe communiquer par-tout, d'où réſulte ſon utilité générale ; & le diadême qui lui ceint le front, annonce qu'elle eſt ſur-tout la leçon des Rois. La trompette eſt le ſymbole des actions glorieuſes qu'elle ſe plaît à nous tranſmettre ; la ville embrâſée, qui fait le fond du tableau, exprime la deſtruction des empires, article remarquable & inſtructif des annales de l'*Hiſtoire*, & le ſoleil, repréſenté ſur ſon eſtomac, eſt l'emblême de la vérité & de l'impartialité qu'elle doit avoir. Les monumens antiques sont les preuves de l'*Histoire*; c'est ce qu'on a voulu désigner par la pyramide, ainsi que par les médailles répandues auprès des ouvrages d'un des plus anciens historiens de la Grèce, Thucidide. (Voyez l'article *Clio.*)

HIVER.

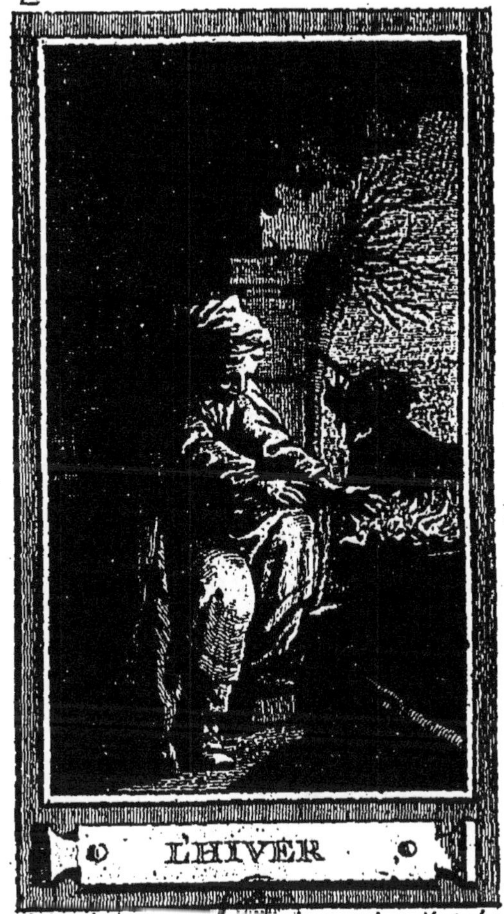

H. Gravelot inv. Delongueil Sculp.

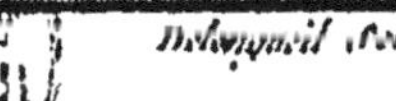

HIVER.

D'APRÈS un monument antique, on a représenté cette triste saison par une vieille femme, la tête couverte d'un pan de sa robe, & se chauffant devant un brasier. La vieillesse, peinte dans le tableau sous les traits de cette femme, signifie celle de l'année, parce qu'en *Hiver* la terre semble lassée des efforts qu'elle a successivement fait pendant les trois saisons précédentes. Dépouillée alors de ses ornemens, elle paroît triste & mélancolique comme cet âge. Un enfant qui arrive chargé du produit de sa chasse, exprime que l'*Hiver* est la saison des festins. On n'a pas cru devoir rien ajouter à cette ingénieuse allégorie.

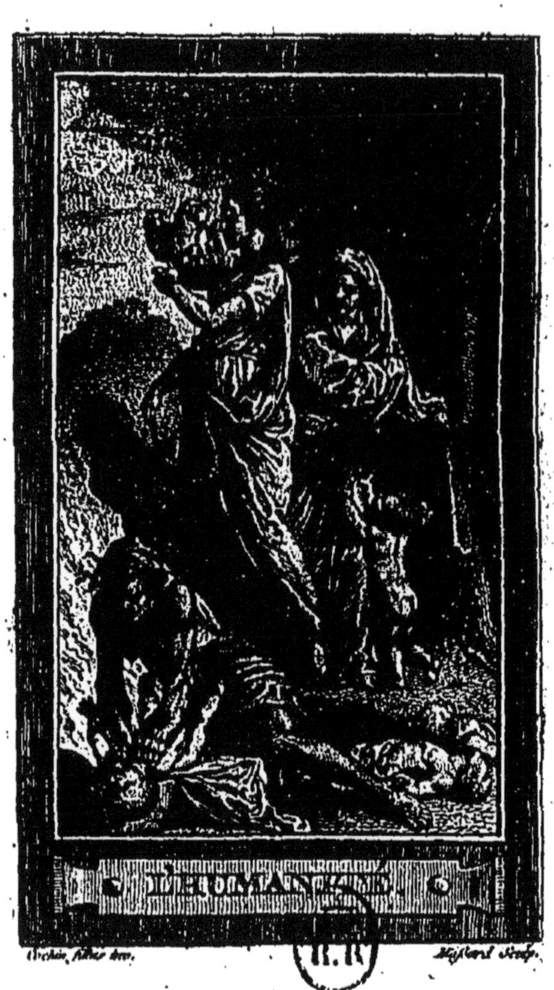

HUMANITÉ.

VERTU qui nous porte à contribuer au bonheur de nos semblables. On la représente par une jeune femme dont le visage exprime la sensibilité ; elle s'empresse d'ouvrir sa robe pour recueillir des enfans presque nuds. Comme la bienveillance est un des sentimens qui caractérise l'*Humanité*, & qu'elle aime mieux qu'on ignore les récompenses qui lui sont accordées que d'affliger l'amour-propre, elle cache dans son sein les couronnes qu'elle a remporté.

COMPASSION.

SENTIMENT qui nous porte à pourvoir aux besoins & à soulager les maux qui affligent l'humanité. La *Compassion* distribue d'une main de l'argent aux infortunés, & de l'autre tient un nid, où se voit un pélican qui se déchire le sein pour nourrir ses petits : cet emblême expreſſif qui nous vient des Egyptiens, eſt trop connu pour avoir beſoin d'explication.

CRUAUTÉ.

Caractère affreux qui naît de la lâcheté jointe à la férocité. La *Cruauté* annonce, par un ſourire perfide, le plaiſir barbare qu'elle éprouve à la vue d'un incendie, tandis qu'elle étouffe un enfant au berceau, ſymbole de l'innocence; auprès de la *Cruauté* ſont pluſieurs autres enfans baignans dans leur ſang, victimes des dangereux emportemens de cette furie.

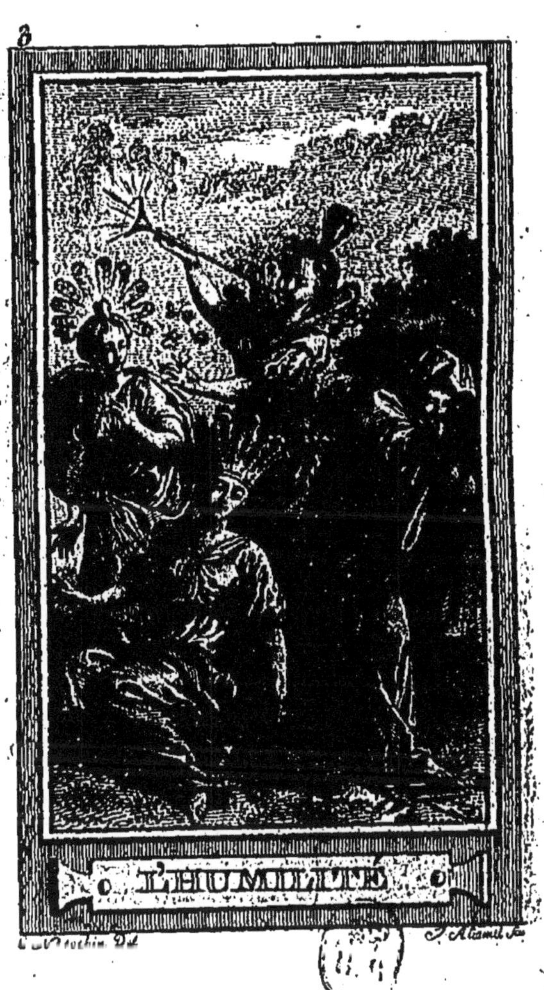
L'HUMILITÉ

HUMILITÉ.

On la représente enveloppée de ses vêtemens, & tenant une corbeille remplie de pains, parce que l'*Humilité* ne cherche point à paroître, & qu'elle cache ses bonnes œuvres; elle aime encore à se rabaisser, c'est ce que désigne le sac qu'elle porte sur les épaules; le miroir & les plumes de paon que l'*Humilité* foule aux pieds indiquent le mépris qu'elle fait des vanités mondaines.

JACTANCE.

L'emblême de la *Jactance* est une jeune femme, parée de plumes de paon; elle sonne de la trompette, d'où l'on voit sortir quelques rayons de gloire, mais entourés de fumée, parce que la *Jactance* nuit beaucoup au vrai mérite.

VAINE GLOIRE.

La *Vaine gloire* est représentée par une femme, coëffée de plumes de paon, ayant des oreilles d'âne, & tenant une trompette qui lui sert à publier le mérite qu'elle n'a pas ; c'est pourquoi l'on pourroit ajouter à ses pieds un corbeau, fier d'étaler une fausse queue des mêmes plumes dont la *Vaine gloire* est parée.

VANITÉ.

Une femme richement vêtue, portant un cœur sur sa tête, entouré d'une auréole & de plumes de paon, autour desquelles voltigent des papillons, est l'emblême que les iconologistes donnent ordinairement à la *Vanité*. Le cœur désigne qu'elle découvre inutilement ses pensées, les autres symboles n'ont pas besoin d'explications. On ne donne point d'oreilles d'âne à la *Vanité*, parce qu'elle accompagne quelquefois le vrai mérite.

3

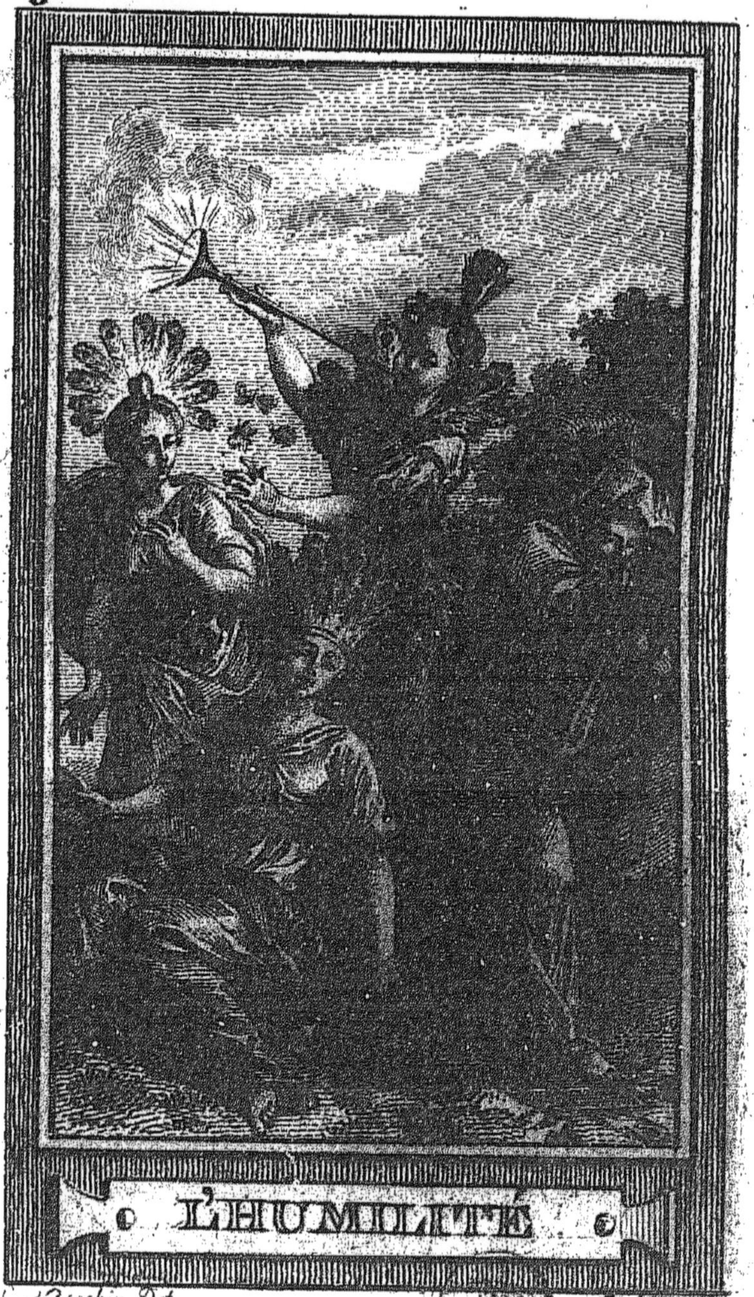

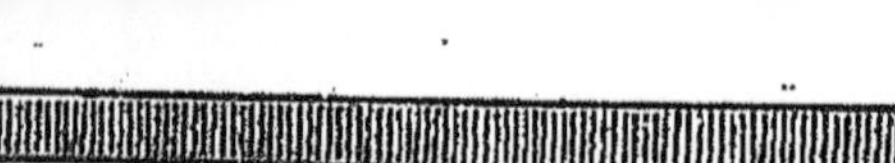

L'HUMILITÉ

C. N. Cochin Del. J. Aliamet Sc.

HYMEN.

On repréſente ordinairement cette divinité ſous les traits d'un adoleſcent, couronné de roſes & tenant un flambeau ; mais cette allégorie ayant trop de reſſemblance avec celle du dieu du Goût, on a cru, d'après pluſieurs iconologiſtes, devoir repréſenter l'*Hymen* ſous la figure d'un jeune homme, ayant des entraves aux pieds & un joug ſur les épaules, pour exprimer que dans le mariage on perd ſa liberté, & qu'on doit ſupporter les obligations que cet état impoſe. Le mariage étant mêlé de plaiſirs & de peines, on donne ici à l'*Hymen* une couronne de roſes & d'épines ; ſon joug eſt enlacé de fleurs, & la flamme réunie des deux flambeaux, eſt l'emblême naturel de l'union qui doit régner entre les époux.

CÉLIBAT.

Le *Célibat* adouci par les plaiſirs peut ſe peindre ſous les traits d'un jeune homme qui fuit avec vélocité le flambeau de l'amour, & porte au bout d'une flèche le bonnet de la liberté. L'Amour sème des fleurs sur les pas du *Célibat* qui foule aux pieds les chaînes & le joug du mariage.

CÉLIBAT RELIGIEUX.

On peut représenter le *Célibat* religieux & chaste par un jeune homme fuyant l'amour, & foulant aux pieds son flambeau ; d'une main il tiendra un lis, emblême de la chasteté, & de l'autre un livre, où seront écrits ces mots : *Castigat corpus meum.*

VOLUPTÉ.

Déesse qui présidoit aux plaisirs, & à laquelle les Romains avoient élevé un temple. Sous un berceau de myrthe & de roses, on peint la *Volupté* couchée sur les coussins de la mollesse, ses regards languissans invitent aux caresses de l'amour ; mais son teint pâle annonce que la tristesse marche à la suite des plaisirs. On pourroit ajouter des cassolettes sur le devant du tableau, & faire tenir à la *Volupté* la coupe enchanteresse de Circé.

LIBERTINAGE.

Ce vice est désigné par un jeune homme qui, les yeux bandés, va se précipiter dans les bras de la luxure; il marche sur un amas de feuilles, sous lesquelles sont cachés plusieurs serpens.

VICE.

Les iconologistes ont représenté le *Vice* sous des emblêmes tellement obscurs, ou insignifians, qu'on n'ose plus en faire usage. Ce sont presque toujours des monstruosités fabuleuses; tantôt une harpie, tantôt un hydre caressé par un jeune homme; mais l'allégorie devant parler à l'imagination par des images sensibles, le *Vice* doit être personnifié, comme dans la figure précédente, par un jeune homme courant avec vélocité dans un sentier jonché de fleurs, sous lesquelles sont cachés des serpens. Au lieu d'avoir un bandeau sur les yeux, le *Vice* tiendra un masque agréable avec lequel il s'empressera de cacher la laideur de ses traits; on le représente dans l'action de courir, parce que les progrès du *Vice* sont très-rapides. Il ne doit point paroître nud, mais couvert de riches vêtemens avec lesquels il s'enveloppe pour cacher sa difformité; on peut appercevoir sous ses habits un filet & un hameçon, pour signifier que lorsqu'on tombe dans les piéges du *Vice*, il est très difficile de s'en retirer. La sirène peut encore servir d'attribut à cette figure.

Pour peindre les *Vices* en particulier, on peut consulter, à la table générale, ceux qui ont une dénomination directe.

TABLE DES ARTICLES

DU SECOND VOLUME.

A.

B.

C.

D.

E.

F.

G.

R.

S.

T.

www.ingramcontent.com/pod-product-compliance
Ingram Content Group UK Ltd.
Pitfield, Milton Keynes, MK11 3LW, UK
UKHW022109260726
13993UKWH00001B/412

9 782019 968861